要点を押さえて"困った"を解決！

イラストと図解でわかる

施設長・介護リーダーの仕事術

介護経営コンサルタント
糠谷和弘 著

中央法規

はじめに

　私が見てきた多くの介護施設では、施設長やリーダークラスは、現場の仕事をしながら管理職の業務もこなします。一般職員よりも業務範囲がかなり広いため、おのずと業務量も過剰になります。悲しいことですが、そのせいで役職者であり続けることをあきらめた人もたくさんいました。

　また、過剰な業務を抱えてつらそうにしている上司をもつ一般職員のなかには、「役職者には絶対になりたくない」という人も多くいました。

　こんな状態は、役職者がよほど我慢強くなければ長続きしませんし、施設は発展していきません。しかし、人員に余裕のない施設が多く、"一人多役"にならざるを得ないため、能力の高い役職者に業務量が偏るのもわかります。

　そこで、本書では、施設長やリーダーが、日々の業務のなかで抱える"マネジメント（管理・指示命令・教育等）の悩み"を解消することを目的としました。ここで紹介するノウハウは、現場で実践されている方法です。しかも、ここに登場する施設長やリーダーの多くは、所属する法人からはマネジメントのノウハウについて十分な指導を受けていない人たちです。あなたと同じ境遇にいる彼ら、彼女らの経験を、ぜひ活かしていただきたいと思います。

　また、この本は、最初から読むのではなく、必要な部分だけ読めばわかるように書いています。いつも傍らに置いて、役職者業務に悩んだときに、その項目を探して参考にしていただければ幸いです。

　最後に、本書を書き進めるのに際して伴走してくださった中央法規出版の渡邉拓也さん、わかりやすいイラストを描いていただいたイラストレーターの白井匠さんに心より感謝申し上げます。

2024 年 2 月

株式会社スターコンサルティンググループ

介護経営コンサルタント　糠谷和弘

目　　次

第4章：上司との関係性の築き方にかかわる悩み

第5章：新人の教育にかかわる悩み

第6章：外国人介護士にかかわる悩み

第7章：業務の効率化にかかわる悩み

第8章：稼動率にかかわる悩み

第9章：業績にかかわる悩み

第10章　どうしても、うまくいかないあなたへ

著者紹介

本書の読み方・使い方

　本書では、多くの施設長やリーダーが抱える悩みを網羅的に収載し、解決に必要なノウハウを示しています。ここで紹介するノウハウは現場の施設長、リーダーが実践している仕事術を体系化したものです。ぜひ、あなたの役職、おかれた環境、いまの状況や悩みに合わせて活用してください。

1　"悩み"に合わせて活用する

　本書は、多忙な施設長やリーダーに活用していただくために、どこから読んでも理解できる構成となっています。常に手に取りやすいところに置いて、悩んだときにサッと開き、あなたがいま必要な項目から読んでみましょう。

2　"役職"に合わせて活用する

　2章以降では、タイトルの隣に「施設長」「リーダー」のマークを入れています。あなたの役職に合った項目を探して読んでみましょう。

3　施設長・リーダーの基本的なスキル・ノウハウを習得する

　本書を最初から順番に読み進めていただくと、施設長やリーダーが身につけるべきマネジメントのノウハウを一通り知ることができます。大事な部分にマーカーを引くなどしながら、繰り返し読み込み、ノウハウを体得しましょう。

4　"部下"の指導に活用する

　本書は、施設長やリーダーを対象に書かれていますが、彼らを部下にもつ経営者や法人本部の役職者など、経営に携わる皆さんにも活用していただけます。部下が悩んでいるときには、この本からヒントを探して、その悩みに適した指導、助言をしてあげてください。

第1章

これだけは押さえよう！
施設長・介護リーダー
業務の基本

介助にも技術が必要なように、**施設長やリーダーの業務にも「技術」が必要**です。しかし、どのような技術が必要なのか、またどのように技術を習得すればよいのかがわからないまま役職に就き、壁にぶつかり、挫折してしまう人が少なくありません。

まずは役職者に必要な基本の「技術」を身につけましょう。

1章-1 施設長・リーダーは「技術」が必要

◆必要な技術さえ身につけば昇進は怖いものではない

　介護現場では「施設長になりたくない」「リーダーに無理やり任命された」といった声を聴くことがよくあります。一般的に「昇進」は、給与が上がり、任される仕事の領域も幅広くなるため、嬉しいことのはずです。しかし、残念ながら介護業界では、昇進をネガティブにとらえることが少なくないのです。その理由は簡単です。介護職の多くが施設長やリーダーになるための訓練を受けていないからです。**介助に技術が必要なように、施設長やリーダーにも技術が必要**です。にもかかわらず、無防備な状態で役職を与えられるのですから、うまくいくはずもありません。その結果、先輩職員の仕事を観察して見よう見まねで仕事を進め、下図のような悪循環に陥ってしまいます。

　しかし、裏を返せば、**施設長やリーダーに必要な技術さえ身につければ、昇進は怖いものではなくなる**ということでもあります。世の中には、役職に就きながらもイキイキと働いている人が大勢います。あなたにできないはずはないのです。

「見よう見まね」が生む悪循環

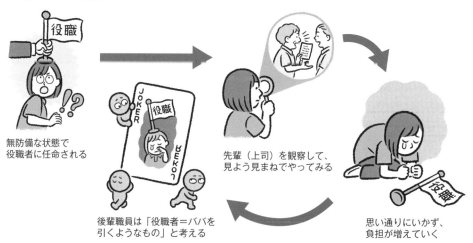

無防備な状態で
役職者に任命される

後輩職員は「役職者＝ババを
引くようなもの」と考える

先輩（上司）を観察して、
見よう見まねでやってみる

思い通りにいかず、
負担が増えていく

◆施設長やリーダーに求められる技術は、 事業所の規模によって異なる

　では、施設長・リーダーに必要な技術とはどのようなものでしょうか。

　まず押さえてほしいことは、**法人、事業所によって、施設長やリーダーに求められる役割は異なる**ということです。たとえば、特別養護老人ホーム（以下、特養）のような大規模施設であれば、施設長は数十人の部下を抱え、数億の売上とコスト管理を任されます。そうなると、中小企業の経営者と同じくらいの責任と権限をもつかもしれません。一方で、大規模な法人に所属する施設では、ある程度の経営

に携わる業務は本部の職員が行い、施設長の仕事のほとんどを現場業務が占めるということもあるでしょう。これはリーダーも同様です。

　つまり、あなたが所属する**法人や事業所の規模などによって、施設長・リーダーとしての役割、そしてその役割を遂行するために必要な技術も変わるのです**。ですから、まずは自分にどの技術が必要かを見極めなければなりません。

◆悩みを客観視してみよう！

　まずは以下のチェックリストで自分が今どんな悩みを抱えているのかを客観視してみましょう。「施設長やリーダーを委任されてから仕事量が膨大に増えた」という人ほど、チェックがつく項目の数が多いかもしれません。

　さて、いくつの項目にチェックがついたでしょうか。チェックが多くついた人は不安を覚えるかもしれませんが、ご安心ください。ここで取り上げた**8つの悩み**は、いずれも施設長やリーダーに必要な**技術があれば解消できる**ものです。必要な技術さえ身につければ、効率的に施設長やリーダーの役割を果たせるようになりますから、今よりも仕事の負担も大きく軽減するはずです。本書を通じて今の自分に必要な技術を身につけていきましょう。

施設長・リーダーの悩みチェックリスト

□ 現場業務にふりまわされている
□ 職員からの質問、相談で時間が奪われる
□ 施設長・リーダーの業務は、残業時間にやっている
□ 会議で意見が出ない
□ 新人が育たない
□ 人手不足が解消しない
□ 離職が止まらない
□ 上司・本部からの要求に応えられない

チェックした項目は
何個ありましたか？

1章-2 経営者／施設長・リーダー／現場職員の役割の違いを理解する

◆職員が抱く経営者に対する不満

現場ではよく「うちの理事長は現場のことをわかっていない」といった不満の声を聞きます。「職員は増やすな」と言う一方で、「稼働率はいっぱいまで上げろ」と無理難題ともいえる要求をする経営者に、現場職員が憤りを感じるのはやむを得ないことかもしれません。

しかも「稼働率を上げること」は、利用者にとっても、現場職員にとっても快適とはいえない環境をつくることになります。たとえば、施設基準上の定員が30名のデイサービスに、利用者が30名いたらどうでしょう。「窮屈だ」「車いすが通る余裕がない」「運動するスペースがない」など、多くの不満の声が上がることは目に見えています。

では、なぜ経営者は「稼働率を上げろ」と言うのでしょうか。それは**稼働率を高水準にしないと、職員の給料を上げることができない**からです。

◆経営者には給与手当を上げる義務がある

経営者には、従業員の給与手当を上げるという義務があります。しかし、それは口でいうほど簡単ではありません。なぜなら、**介護事業の多くは、売り上げの上限が決まっている**からです。施設においては、定員ギリギリまで利用者を受け入れなければ、売り上げを高い水準で維持することはできません。加算をとるなど、多少の売り上げ増の余地はありますが、制度改正で報酬単価が上がらないかぎり、大幅な売り上げ増にはつながらないでしょう。そして、**売り上げが伸びないということは、当然、人件費にも上限がある**ということです。

従業員の雇用を守り、給与を上げる。そのために経営者は、現場職員からの多少の不満に目をつむってでも、現場に多くを求めなければならない立場にあるのです。

経営維持には高稼働率維持が必須

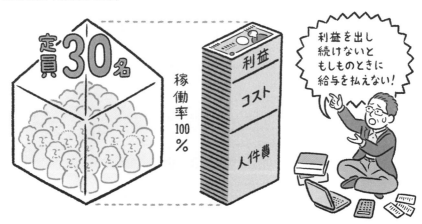

◆経営者は長期的な課題に取り組まなければならない

では、どのように経営者が従業員の給与手当を上げるかというと、その方法は大きく2つあります。

①設備投資をして運営にかかるコストを下げ、給与の財源を確保する

②事業を拡張して、新たなポジション（役職等）をつくる

これらの実現のためには、「事業計画の作成」「金融機関との交渉」「土地・テナント探し」「自治体・地域との関係づくり」など、経営者にしかできない仕事が山ほどあります。特に新たに事業を立ち上げるとなれば、長ければ4～5年ほどの時間がかかる場合もあるでしょう。**経営者はすぐに成果が出ないテーマを、日々追いかけなければならないのです。**

もちろん、それ以外にも「財務」「経理」「人事」「労務」といった業務や、社内外のさまざまな会議への出席といったルーティン業務もあります。

しかし、これらの業務の多くは現場職員の目には見えません。それが現場職員の「現場のことをわかっていないのに、無理難題ばかり言う」といった不満へとつながっているのです。

◆施設長やリーダーに求められる役割は、 経営者と現場職員の間をつなぐこと

では、経営者と現場職員の間に挟まれている施設長・リーダーは、どのような役割を果たす必要があるのでしょうか。それは、**社内が一体化できるように両者の距離を埋めること**です。そのためには、ときには経営者側について経営者の声を現場で具現化することが必要ですし、ときには現場職員側について現場の課題やニーズを経営者に届け、経営者が"裸の王様"にならないようにしなくてはなりません。

つまり、**施設長・リーダーには、スタンスを固定せずに経営者と現場職員の間を行ったりきたりしながら、バランスをとっていくことが求められる**のです。

施設長・リーダーの役割

| 5年後の未来をつくる | 1か月、1年を適切に運営する | 今日1日を円滑に運営する |

経営者　　　　　　施設長・リーダー　　　　　　現場職員

施設長・リーダーには両者の距離を埋める役割が求められる

1か月の業務スケジュールを立てよう

◆月間業務カレンダーを作成しよう

施設長・リーダーは、一般職員が経験したことのない業務をたくさん抱えています。もしあなたが役職者になったばかりだとしたら、「自分にやりきれるだろうか」と不安でいっぱいだと思います。

その**不安の原因は、仕事の全体像が見えていないこと**にあります。そこで、全体像を見極めるために、まずやってほしい作業があります。それは、月間業務カレンダーを作成することです。前任者に時間をとってもらい、**どんな仕事があるのか、それぞれの仕事にどのくらいの時間を要するのかを確認し、リスト化**していきましょう。この作業をやっておくかどうかで、その後の業務効率がかなり変わってきます。

既に施設長やリーダーになって長い人も、今から取り組んでも遅くはありません。まずは自分の今行っている業務を書き出してみましょう。

◆月間業務カレンダーの作成手順

①月間業務リストを作成する

まずは月間業務リストを作成します。リストを作成する際は、**「業務名」とともに「作業時期」を書き入れていきます**。そうすると、1か月のなかで、いつ、どのくらいの作業量があるのかを把握できます。また、前任者に所要時間を聞く際は、できれば「初任者タイム（慣れない間の作業時間）」「目標タイム（適正時間）」も一緒に確認しておくとよいでしょう。

さらにリストには、定期的に開催される「会議」や「委員会」、外部の「会合」なども入れておきます。外部で行う業務については、移動時間も含めた「所要時間」を入れます。

月間業務リスト

業務	所要時間	作業時期の目安
前月分の小口現金集計	1時間	毎月1～3日
前月分の出勤簿のチェック	2時間	毎月1～3日
売上報告書の作成	10分	毎月1～3日
国保連請求	2時間	毎月5～8日
国保連請求の再チェック	15分	毎月8～10日
役職者会議のアジェンダ作成	30分	毎月17～20日
役職者会議への参加	1時間	毎月22日
シフト表の作成	3時間	毎月20～25日
国保連の返戻・保留チェック	15分	毎月28日頃
職員に目標達成状況（稼働率）を伝達	20分	毎月、最終日

②日付順に並び変える

　次にリストを「日付順」に並び替えて、月間業務カレンダー（下表）を作成します。1か月を思い浮かべながら表にすると、抜けている業務に気づくかもしれません。

　さらに、作成した**リストを「単独作業」と「連携して行う作業」**で、**色分けするのも効果的**です。このようにすると、自分の都合だけで進められるものと、他職員と調整して行うものが見えてきます。まずはこのとおりにやってみて、徐々に自分が使いやすいものに修正していきましょう。抜け、漏れがあったら、加筆することも忘れないようにしましょう。

月間業務カレンダー

令和5年8月		赤：本部等と連携する作業		
実施日	作業テーマ	具体的な内容	時間	
1日	前月分の小口現金集計	定型フォームに入力して本部に送信	60分	
3日	レシート集計（毎月3日締切）	レシートを集計して、小口と合計金額を計算「現金管理（Excel）」に入力し、領収書は本部に郵送（または持参）。ネット購入したものも領収書を出す	60分	※
3日	前月分の出勤簿のチェック（毎月3日締切）	残業申請・有休申請データを「出勤データフォルダ」でチェック	120分	
3日	売上報告書の作成	定形フォームに入力して書類を本部に提出（経理書類フォルダ→損益フォルダ→売上管理フォルダに保存）	10分	
4日	月次報告書作成	報告書を作成したら、管理者の人数分をコピーして、管理者会議で配布	20分	※
5日	ガソリン代管理表のチェック	レシートを元にガソリン代管理表に間違いがないかチェックする	20分	※
7日	自費の確認	請求システムを締める前に確認	20分	※
7日	国保連請求		120分	
9日	現金回収表の作成	定型フォームに入力する ※保留の人の名前を必ず記入	30分	※
9日	国保連請求の再チェック	請求システム締め！　国保連に届くまでに日数がかかるため、早めに着手する	15分	
9日	現金回収状況の確認	利用料が揃ったら、入金して金額を本部に報告 ※未払いの人を確認して督促する	30分	※
11日	領収書・請求書準備		20分	※
17日	役職者会議のアジェンダ作成		30分	
20日	シフト表の作成	希望休が重なる場合もあるため、早めに着手する	180分	
22日	役職者会議への参加		60分	
28日	国保連の返戻・保留チェック		15分	
30日	職員に目標達成状況（稼働率）を伝達	夕礼で伝達。予算（目標）を達成した場合には、拍手をするなどして成功体験をつくる	20分	

※は表作成時に抜け漏れに気づき追加した業務

　リストを作成するときは、Excelを利用すると便利です。表には「令和5年8月」とあり、作業テーマごとに実施日が記載されていますが、この日付を月ごとに変えていけば、毎月、自分の出勤日に合わせた業務計画を簡単に立てることができます。また、実際にリストを作成してみると、作業が集中する週が見つかるかもしれません。Excelで作成しておけば、業務を行う日を変更したり、業務を行う順番を入れ替えたりすることも簡単に行えます。

③月間業務カレンダーを補う4つのリストを作成する

　月間業務カレンダーが完成したら、以下の4つのリストを作成します。

①**毎週**行う業務
②**月**単位の業務（毎月行うけれど、時期が決まっていない業務）
③**年間**業務（時期が限定している業務）
④**随時**業務（発生したつど行う業務）

　たとえば、ある施設長は「年間業務」として健康診断の予約、「随時業務」として入退社手続き、ホームページ修正、パンフレット追加発注などがありました。こうした業務も忘れずにリスト化しましょう。

　全部で5つのリストが完成したら、**ラミネートをしてデスクまわりなどの目にしやすい場所に掲示し**ておき、日々確認することで計画的かつ効率的に業務を進めることができるはずです。こうして業務を見える化できれば、最初に感じていた不安はなくなっているのではないでしょうか。もしかすると、逆に業務量の多さに不安を覚えた人もいるかもしれませんが、本書ではその効率化の方法もお伝えしますので、ご安心ください。

作成した業務リストはデスクまわりなどに掲示する

1章-4 「1日の業務」を計画しよう

◆役職者としての "1日の型" をつくる

施設長、リーダーは、とてつもなく忙しい……。

自分には、無理かもしれない……。

月間業務カレンダーを見て、そのように感じた人は少なくないと思います。加えて、あなたがやらなければならない業務は、リストに挙げたものだけではありません。日々、現場職員に指示を出さなければなりませんし、ポジションによっては介護職や相談員など、ほかの職種も兼務しなければならないこともあります。「無理」と言いたくなるのもやむを得ないでしょう。

山ほどある業務をこなすために必要なのは、" 根性 " ではありません。日中は現場に振り回され、施設長やリーダーの仕事は残業時間に進める……。このようなやり方では、役職者のポジションを楽しむどころか、早々にギブアップしてしまうことになります。

そこで大切なのが、**役職者としての " 1日の型 " をつくること**です。具体的には、出勤してから退勤するまでにしなくてはならない業務を整理して、あらかじめ1日の計画（日課）を立てておき、それを習慣化していくのです。

◆1日の業務をリスト化する

日課は、あなたが施設に出勤した時点から始まります。**退勤時間までのあなたの動きを想像しながら、やっていることを箇条書きにしてみましょう。**たとえば、郵便受けを確認し、すでに出社している職員に挨拶をして、デスクに着席。パソコンを立ち上げて……という具合です。

リストができたら、1か月の業務を整理したときと同じように、**1日のうち、いつ（何時頃に）やるべきか**を考えてみましょう。なかには、ベストな時間帯にできていない仕事があるかもしれません。

また下記の業務について、今行っていないという人は併せてリストに加えてください。

□業務開始前の職員へのラウンド（挨拶まわり）
□業務中の利用者へのラウンド（声かけ）
□1か月後までの予定の確認
□中期的に行う業務の確認
□1日の業務（今日やるべきこと）の確認
□上司への報告
□気になる職員との面談

朝のラウンドで職員の様子を把握する

たとえば、朝の「職員ラウンド」の重要性は、多くの施設長や役職者が語っています。職員の顔色、声の

張りなどで、職員の状況がわかりますし、変化があったときにすばやく対処できます。

またここで挙げた「気になる職員」とは、モチベーションが落ちていたり、退職を迷っている職員、失敗してしまった職員などのことです。毎日必ず行う業務ではないですが、一刻も早く対応したほうがよいため、リストに加えておきましょう。

「日課」を作成し、それをできるだけ意識して仕事をしていると、ペースがつかめて余裕が出てきます。ぜひ実践してみてください。

◆"自分の時間"のつくり方

役職者の業務には、デスクに向かって集中しなければできないものもあります。しかし、周囲の職員はそれにはお構いなしで、途中で「施設長、ちょっといいですか」などと声をかけてきます。そこで一度作業をストップしてしまうと、頭を切り替えてもう一度その作業に戻るのは大変なものです。数字を扱うような細かい作業ならなおさらです。

その対策としてある施設では、**集中して作業に取り組みたいときに「超集中」と書かれた旗をデスクに掲げる**ことにしました。その旗を掲げている間、周囲の職員には以下の３つを禁じ、集中が途切れないようにしています。

「超集中」と書かれた旗をデスクに掲げる

×声をかけない
×電話をとりつがない
×コピーなどを渡さない

また、電話の相手に折り返しの時間を伝えるなどの対応ができるように、**集中時間がいつまでかを旗に付箋で貼る**ことにしました。下着メーカーのトリンプ・元代表の吉越浩一郎氏が、著書で紹介していた「がんばるタイム」を参考にしたものですが、とてもうまくいっています。

ほかにも「２時間だけこもって作業するね」のように周囲に声をかけて、相談室に場所を移して作業をしている人もいます。これらを参考に、皆さんなりの集中法を考えてみましょう。

1章-5 ロールモデルを見つけよう

◆最短の成長法は、"真似する"こと

この本では、施設長や役職者として仕事をするうえで必要なスキルをたくさん紹介しています。しかし、"百聞は一見にしかず"というように「知る」と「見る」とでは大きな違いがあります。本書で紹介する"知識"を実践に活かしていただくために、皆さんそれぞれの**ロールモデル（仕事上での手本）を見つけてほしい**と思います。モデルとなる上司、先輩を観察しながら、本書を読み進めていただくと「なんだ！　そういうことだったのか！」と理解が深まるでしょう。

"学ぶ"の語源は"真似ぶ"という説があります。師匠や先生、先輩を真似ることが、学ぶことの原点です。同様に、武道や茶道、芸術などでは「守破離（しゅはり）」という言葉があります。最初の"守"は「師匠のやることを忠実に守ること」を意味します。**モデルの動きをこの本の内容に当てはめながら、忠実に真似ることによって、知識、スキルを自分のものにしていきましょう。**それができてはじめて「師匠のやり方をアレンジ」する"破"のステップに進み、さらにそれが身についたら"自分流"を発揮する"離"のステップに進みます。

守破離で知識やスキルを身につける

①モデルとなる上司・先輩を真似する　守

②①を自己流にアレンジする　破

③②を自己流に昇華する　離

◆徹底的にパクる！

モデルを真似するときに、中途半端に真似しても意味はありません。やるなら**「徹底的にパクる」こと**が大切です。最初から自分でアレンジを加えることなく、微細にわたるまで真似するのです。

たとえば、ある施設長は、モデルを法人内の別事業所の先輩施設長としました。先輩施設長は、会議の準備、進行、フィードバックがとても上手で、会議で決めたことが現場に即座に浸透します。そこで彼は、そのスキルを身につけるために、先輩施設長の行う以下のようなことを真似しました。

□「会議資料フォーム」「議事録フォーム」をそのまま使用する

□ 過去の会議資料（半年分）の読み込み

□ 先輩施設長の会議の聴講

□ 会議の席配置、会議の流れ、参加者への声かけ（セリフ）、質問の投げかけ方の観察

□ 議事録（半年分）の読み込み

そのうえで先輩に自分が主催する会議に参加してもらい、コメントをもらうことにしました。すると数か月のうちに、短時間で結論が出る会議を進行できるようになりました。「徹底的にパクる」を実践した結果です。

◆ロールモデルの見つけ方

　しかし、ロールモデルとして完璧な先輩というのは、なかなか見つからないと思います。お手本にしたい先輩がいたとしても、自分と年齢、キャラクター、性別があまりに違いすぎるとしたら、モデルとしてはふさわしくありません。

　もし1人の人物ですべてが完結する完成度の高いモデルが見つからなかったら、テーマ、パーツごとに探してみましょう。たとえば、「部下とのコミュニケーションはAさん」「電話の出方はBさん」「議事録や資料のわかりやすさはCさん」のように、パーツごとに探せば見つかるかもしれません。

　ここまでやっても、自分と同じようなポジションを経験した上司や先輩がいなかったり、"自分のほうがスキルが高い"と感じたりするなど、見つからない場合もあります。そのときは、**外部にモデルを求めましょう。**役職者になって、外部の会合や勉強会、交流会に出ていると、優れた人に会う機会も増えてくると思います。そのなかにはいないでしょうか。私自身もはじめて役職者になったときは、社外のセミナーで出会った先輩をモデルにしました。広い範囲で探してみましょう。

パーツごとにモデルを探す

□ 施設長、リーダーには「技術（スキル）」が必要！
先輩の"見よう見まね"ではなく、しっかりとした技術を身につけよう！

□ 経営者と現場は、見ている世界が違う！　施設長やリーダーの役割は、経営者と現場のギャップを埋めること！

□ 「月間業務カレンダー」をつくって、計画的に業務をこなそう！

□ 「１日の型」をつくり、自分の時間を確保しよう！

□ 最短距離で成長するコツは、先輩の技術を徹底的にパクること！

第2章

職員とのコミュニケーションに
かかわる悩み

スタッフの力を引き出すためには、**適切な
コミュニケーションをとる**ことが大事です。
しかし、どのように部下と接すればよいかわ
からない、なかなか思いが伝わらないといっ
た悩みを抱える役職者も少なくありません。

本章では、部下との関係性の築き方につい
て取り上げます。

施設長 リーダー 良好な人間関係の築き方を知りたい

2章-1

Advice 心理的安全性を高め、部下が話しやすい "場" をつくる

＼Point 1／ プラスの投げかけで「心理的安全性」を高める

　施設長や役職者に昇進すると、あなたと現場職員の関係は「上司と部下」になります。しかし、役職に就いたからといって「ああしろ」「こうしろ」と上から物を言うようなやり方をしてしまうと、部下はあなたが期待するような動きをしてくれないでしょう。特に自分より経験値の高い部下や、専門性の違う職員からは、反発を招きかねません。逆に、部下の言うことを聞くばかりになってしまってもチームの統率ができないでしょう。

　理想は、**部下と良好な関係を築いて、部下があなたの指示を理解し、前向きに動いてくれるようになること**です。その鍵を握るのが、"心理的安全性"です。心理的安全性とは、自分の行動を否定されたり、非難されたりすることなく、安心して自由な発言ができる状態のことです。つまり、部下が上司であるあなたを"味方（自分を守ってくれる人）"だと認識すれば、心理的安全性が高まり、部下は安心して働くことができるのです。

　心理的安全性を高めるために、まずはあなたから"プラス"の投げかけをしてみてください。具体的には、図の3点を意識し、キャッチボールで相手に取りやすいボールを投げるようなイメージで、部下に投げかけてみましょう。こうした人間関係の基本をしっかり行うことが、部下との良好な関係を築くことにつながります。

心理的安全性を高める３つのポイント

1. 笑顔で挨拶

人間関係の基本は「おはよう」「おつかれさま」「ありがとう」のような挨拶です。

2. プライベートな短い会話

指示・命令だけではなく、少しでもプライベートな会話をすることで、あなたが部下に興味・関心があることが伝わります。

3. "好意"が伝わるボディランゲージ

部下に"味方"だと認識してもらうためには、うなづく、手を広げて歓迎を伝えるなど、言葉以外で好意を伝えることも大事です。

＼Point 2／ 相手の変化や仕事ぶりを的確に褒める

　子育てでは、**"褒めて伸ばす"**というのは常識になりつつあります。これは部下の育成についても同様で、長所を見つけて褒めることで、部下の成長は促進されます。

　"褒める"の効果は、指導の場だけで発揮されるものではありません。人間関係を築くうえでも、とても効果的です。皆さんは、自分のことをよく褒めてくれる人のことをどう思うでしょうか。少なくとも嫌な気持ちにはならないでしょう。部下は褒められると「自分のことを見てくれている」「信頼してくれている」と感じると思います。それが続くと、「自分は上司にとって、必要な存在だ」と思うようになります。その繰り返しが、上司と部下の信頼関係を強固にしていきます。

　ただし、**褒め方を間違うと逆効果にもなります。**たとえば、事実と違うことで褒めれば「私のことを全然見ていないな」と思うでしょうし、過剰に褒めれば「お世辞だ」と思うはずです。また、あなたのやってほしいことを行ったときばかり褒めれば「この人は自分を"操り人形"にしたいのだな」と邪推されるかもしれません。そうなると、褒めることがマイナスにはたらいてしまいます。

　人間関係を良好にする褒め方には、ポイントがあります。それは、**相手の変化や仕事ぶりを"的確に"**とらえて、その場面の説明を交えながらよい点を**"具体的に"**伝えることです。たとえば、「日時」「場所・環境」「よかった点」「よかった理由」「褒め言葉」をセットで伝えると効果的です。

相手の変化や仕事ぶりを的確に褒める

□**日時**……昨日の
□**場所・環境**……運動レクのとき
□**よかった点・理由**……声がハキハキしていて、
　　　　　　　　　　　　テンポもいいし
□**褒め言葉**……とてもよかったよ
□**よかった理由**……利用者さんは、聞き取りやすい声が好きだからね

\\ Point **3** // 部下が話しやすい "場" をつくる

　人間関係をより長く良好に保つには、あなたからの一方的なプラスの投げかけ、言葉がけだけではいけません。"キャッチボール"のように、部下からもポンポンと投げた球が返ってくるようにすることが不可欠です。部下が自分を抑えこむことなく、自分の考えを話せるような関係性になることが理想です。そのためには、**部下が話しやすい雰囲気づくり**が大切です。

　しかし、"雰囲気"という抽象的なものを形にすることは難しいでしょう。そこで、雰囲気という言葉を"場"という言葉に置き換えて考えてみてください。具体的には、**部下が話す"場"を意図的につくってみる**のです。

　皆さんは「1 on 1 ミーティング」という言葉を聞いたことがありますか？　要は「部下面談」ですが、「評価面談」のように何かを伝えるためではなく、部下の能力を引き出したり、悩みを一緒に解決したりすることを目的とした、上司と部下の1対1の面談です。特に**施設長や役職者に就任したばかりのタイミングでは、かかわる部下全員と面談する**のがよいでしょう。人間関係がより強固なものになるはずです。ぜひ実践してください。

　このときの対象者ですが、**施設長の場合は、まずは役職者と人間関係を築くべきですから役職者**を中心に、余力があれば正職員、パートというように広げていきましょう。

　また、あなたが「**ユニットリーダー**」などの役職者であり、自分の部下が明確であれば、所属メンバーと1 on 1 ミーティングを行いましょう。

　もし部下となる職員の範囲が明確でないのであれば、上司に相談しながら、**人事評価などとからめて対象者を特定して実施する**のがよいのかもしれません。

　1 on 1 ミーティングを実施する際のポイントは以下のとおりです。

1on1 ミーティングのポイント

実施頻度	できれば3か月〜半年に1度実施するのが理想
実施時間	就任直後は長めに。その後は、業務負担にならないように15〜20分で行う
場所	ほかの職員の視線を避けて、談話室や会議室等で行う

　「面談」と聞くだけで重苦しい気持ちになる人もいます。1 on 1 ミーティングを行う際は、**できるだけ「話せてよかった」と感じられるような明るい場にしていきましょう。**

　また、1 on 1 ミーティングの目的は、部下との信頼関係をつくることや、部下のもつ課題を解決することですから、**"傾聴に徹する"こと**が大事です。

　ほかにも次のような点に配慮しながら実施できるとよいでしょう。

1on1 ミーティングで信頼関係をつくる

1on1ミーティングで配慮すべきポイント

□アイスブレイク（話しやすい環境づくり）からスタートする
　天気、プライベートの趣味の話などをミーティングの最初に行います。
□体調に配慮する
　「先週、人が足りなくて大変だったでしょう。体調大丈夫？」などと、体調に配慮し、労う
　ような声かけをします。
□目的を伝える
　「部下（面談相手）の仕事の状況」「与えられた業務の進捗状況」「部署の状況」を共有して、
　今後の仕事の仕方をフランクに話し合う場だということを伝えます。
□部下の"状況""やる気""悩み"を引き出す質問をする
　質問内容は、面談の前に考えておきましょう。
　〈質問例〉
　・最近の部署内の連携はどうかな？
　・先日、導入したシステムについて、意見をもらえないかな？
　・新人さんの指導を担当してもらっているけれど、順調かな？
　・以前は○○について悩んでいたようだけど、解決できた？
□振り返り
　今日の面談で出た内容や、今後のことを振り返る。

\\Point 4// 「リフレーミング」でマイナスをプラスに

　プラスの投げかけをし、よいところを褒め、1on1ミーティングで個別対応をしても、**あなたに心を開いてくれない人もいます**。また"上司"というだけで敵対心をもつ人もなかにはいるかもしれません。私も過去に「この人（上司）の言いなりには絶対にならないぞ」という気持ちをむき出しにしてくる部下をもったことがあります。こういう場合は「リフレーミング」の技術が役に立ちます。

　リフレーミングとは、自分に起きた出来事の枠組み（視点）を変えるという意味の心理用語です。たとえば、私が対抗心むき出しの部下をもったときは、「この人は随分、自分と比べると視野が狭いな。自分が人間的に成熟している証拠だな」と自分を褒めてみたり、「この人を克服できたら、自分はもっと成長できるな」とマイナスをプラスにリフレーミングしました。そのうえで、**その部下が与えられた仕事さえこなしてくれれば"良し"として、信頼関係を築けるまで気長にプラスの投げかけを続けます**。万一、その人が役割を果たさなければ、上司としてしっかりと指導すればよいと思います。

2章-2 （施設長）（リーダー）職員から次々に相談されて時間が奪われる

Advice 質問してよいタイミングを明確に！全体にかかわる質問は会議の場でしてもらう

\\ Point 1 // 「質問をしてよいタイミング」を決める

　ある有料老人ホームの施設長の悩みは、職員からの"質問攻め"です。現場に顔を出すと、ある職員から「設備が壊れた」と対応を求められ、それをやっと終えたと思えば「ご家族からの相談にどう答えればよいか」と相談員から質問される。こんな具合に、**いたるところで呼び止められて相談を受けるために、自分のやるべき仕事が後回しになり**、残業や早朝出勤で片づけているが、これが続くと思うとつらいということでした。

　実際、この施設長のように、現場からの質問や相談に振り回されている施設長やリーダーは多いのではないでしょうか。なかには、ちょっと考えればわかりそうなことや、いま質問されても困ることもあるでしょうから、嫌気がさす気持ちもわかります。そのつらい状態から脱却するには、質問を受けるときと、そうでないときのメリハリをつけること、つまり「上司に質問してよいタイミング」を決めることが必要です。

「質問してよいタイミング」を決める

\\Point 2// 一問一答をやめる

　現場での相談や質問に、その都度、対応することにはデメリットもあります。たとえば、図はデイサービスの送迎における提案ですが、2人の職員は真逆のことを言っています。視点は違うものの、2人とも言っていることには理由があり、いずれも間違いとはいえません。

　本来であれば、**2つの案のメリット、デメリットをよく比較して対応策を決めるべき**です。しかし、現場での相談にそのつど対応していると、このような**まったく違う視点での相談や提案、質問に対して、意図せずに矛盾した回答を与えてしまうリスクがあり**ます。ですから、現場での相談には、急ぐ場合を除いて、できるだけそのつど回答するのではなく、「それは会議で提案してくれるかな」「この件は、夕方の申し送りのときにみんなで検討することにしよう」と、議論の場に移すことを指示しましょう。

異なる意見のいずれかが間違っているとは限らない

乗車人数を増やして送迎の効率を上げるべき！

乗車時間が長くなると体調が心配！少人数にすべき！

会議で提案してくれるかな？

\\Point 3// 質問・相談の場を決める

　しかし、**現場職員の悩みや課題のなかには、できるだけ早く解決したほうがよいものも多くあります**。職員から相談があるたびに「それは会議で」と先送りすると、その分だけ職員がストレスを感じる時間が長くなります。それが不満につながるかもしれません。

　そこで、対象者、テーマごとに以下のように「**相談の場**」と「**ルール**」を設けましょう。

「相談の場」と「ルール」の例

新人期間	早期解決が重要なため、いつでも相談してよい。ただし、指導担当者→上司の順で相談する。
緊急性の高いこと（事故、クレーム、急変、家族対応等）	早期解決が重要なため、いつでも相談してよい。ただし、テーマによって上司に相談すべきか、相談員や看護職などの専門職に相談すべきかの見極めが必要。
ケア方法	申し送り・カンファレンス。
業務改善・提案	ユニット会議、リーダー会議。
個人的な悩み	1 on 1 ミーティング（➡ p.18）。
人間関係の悩み	早期解決が重要なため、いつでも相談してよい。

施設長 リーダー

自分の "想い" "考え" が伝わらない

2章-3

Advice

方針発表会と、方針書で目指す方向を具体的に示す

\\ Point 1 // 「方針発表会」を企画する

「みんなでこんな施設にしていこう！」「こんな施設をつくりあげたい」

施設を運営していて、このような "ビジョン" をもつ人も多いのではないでしょうか？　また、経営者から与えられた「稼働率」「サービス品質」や「業務改善」といった目標もあるでしょう。**これらのビジョンや目標のほとんどは、施設職員が一丸となってはじめて達成できるもの**だと思います。

しかし、現場に浸透させるのは大変です。「なかなか伝わらない」「一体感がない」「これでは達成できない」と悩んでいる施設長も少なくないでしょう。

職員全体に、目標を浸透させるための最大のポイントは、**"皆で一緒に話を聞く場"** をつくることです。忙しい日中業務の合間に伝えようとしても、職員は "聞く姿勢" になっていませんから、なかなか理解が深まりません。また、役職者を通じて伝えようとすると、伝言ゲームと同じでそれぞれの解釈が加わり、職員の受け止め方に差が出てしまいます。だからこそ、会議などの場を利用して、"一緒に聞いてもらう" ほうがよいのです。

そこで、ぜひ行ってほしいのが「**方針発表会**」です。会社なら経営方針、施設なら施設運営方針、ユニットや部署ならユニット方針を伝えるための "場" を計画します。「発表会」というと大げさな感じもしますが、それくらいの名称のほうが職員もしっかり聴いてくれます。

方針発表会を実施するうえで重要なのは、次の5点です。

①**対象者**

　パートも含めて全員に聴いてもらう。

②**開催時間**

　最も多く人数を集められる時間に設定する。

③**資料**

　「方針書」を作成する。

④**欠席者のフォロー**

　発表会を撮影しておき、動画を視聴できるようにするなどの工夫をする。

⑤**現場への浸透**

　会議や定期面談で「方針書」を利用し、繰り返し伝える。

　ただし、シフト制で運営している入所施設では、一同に会すのは難しいかもしれません。その場合は、**いくつかのグループに分けるなどして、できるだけまとまって実施**できるようにしましょう。

　方針発表会の実施時期は**新しい目標やルールを提案しやすい年度初めがベスト**ですが、思いたったときに企画してもよいと思います。施設長就任時に実施するのもよいでしょう。職員は、あなたが何を考えているのかを知りたがっています。ぜひ企画しましょう。

方針発表会を開催する

方針発表会

みんなでこんな施設にしていこう！

　また、発表する際は、以下のような点に注意しながら話しましょう。

□明るく前向きに伝える（危機感をあおらない）

□自分の言葉で話す（方針書をそのまま読まない）

□体験談を入れる（"想い"や"方針"と自分の体験を結びつけると伝わりやすい）

　特に注意したいのは、「物価高」「燃料費の高騰」「採用難」「感染症」などのマイナス要素ばかりを前面に出して、危機感をあおらないようにすることです。このようなメッセージが必要なときもあるかもしれませんが、危機感だけでは人は動きません。「こうしたら利用者が喜ぶ」「こんな世の中にしていこう」というプラスの言葉を使って、できるだけ明るく、力強く、前向きに話すことが重要です。

\\ Point 2 // 方針書を作成する

　方針発表会では、**施設として目指すこと、その目的や手段、職員に協力してほしいこと等**を伝えます。スライドなどを使って丁寧に話せば、職員の皆さんは耳を傾けてくれるでしょう。

　また、そのときに「方針書」を準備すると、さらに理解は深まるはずです。方針書は、職員の賛同を得るための材料ですから、法人の理事や役員に配る「事業計画書」のように数字ばかりで堅苦しいものよりも、図や表を活用したわかりやすい表現にしたほうがよいでしょう。一度読んだら終わりではなく、できれば年間を通じて活用してほしいところです。

　ある特養では、以下のような内容で、図や表、写真を交え、15ページほどの方針書を作成しました。

> １）施設の未来像
> 　☆「行事食」で季節を味わうことができる施設
> 　☆「外出」で季節を感じることができる施設
> 　☆「おもてなし」で家族が来たくなる施設
> 　☆「交流」で長く働きたいと思える施設
> ２）昨年度の成果と反省
> ３）年間数値目標（稼働率、のべ客数）と達成手順
> ４）サービス強化目標と達成手順
> ５）業務改善・負担軽減・ICT化目標と達成手順
> ６）施設長、主任、副主任の役割
> ７）年間会議スケジュール（定例会議、委員会など）
> ８）年間イベントスケジュール

　これだけの資料を作成するとなると、手間はかかります。ですが、一度つくってしまえば、次年度は加筆修正するだけで完成します。また、施設長のなかには、"皆の前で話すのが苦手"という人もいると思います。方針発表会で話す際に、自分だけに注目が集まらないようにするためにも、方針書をつくり込むのがよいでしょう。

\\Point 3// 方針書の内容を繰り返し伝える

　残念ながら、方針発表会を開催するだけでは、その内容が職員に浸透するところまでは至らないでしょう。方針発表会の直後は意識する職員もいるかもしれませんが、時間が経つと、日々の忙しさに追われ、方針への関心が薄れていきます。それではビジョン、目標の達成はできません。そのため、**関心が薄れていくタイミングを見計らって、繰り返し伝えていくことが必要**となります。

　このとき役立つのが、Point 2 で作成した方針書です。**定例会議や委員会、面談などの際に、方針書を持参してもらい、ページをめくりながら進捗状況を一緒に確認していきましょう。**これを繰り返すと、あなたの方針が徐々に職員のなかに根づいていきます。

面談等で繰り返し伝える

　また、新人職員が入社した際も、方針書を手渡して面談を実施し、方針について説明をしましょう。最初にしっかりと伝えておけば、その後の理解も早まります。その際、施設によっては、施設長が話すのではなく、あえて主任やリーダーといった役職者に説明してもらうことで、役職者自身の意識向上に成果を上げている事例もあります。参考にしてみましょう。

仕事を任せられる "右腕" を育てたい

Advice

今いる部下のなかからふさわしい人物を見つけ、チームをつくって育成する

\\Point 1// "右腕" と呼べる人物がいると、現場を任せられる

　施設長には施設長にしかできない業務があります。しかし、現場に振り回されて集中できないというのが多くの施設の実態です。そんなとき、「誰かに対応してもらえないだろうか」「自分の仕事に専念させてほしい」と思うことがあるでしょう。

　また、自分一人では完結せず、職員を動かしていかなくてはいけない業務も少なくありません。その際、**自分と一緒になって動いたり、現場を取りまとめたりしてくれる人物がいたら、心強く感じるはず**です。

　もし今あなたのまわりに "右腕" と呼べるような人物がいたら、このような悩みは一気に解決するかもしれません。

　しかし、そんなスペシャルな部下が都合よく近くにいればよいですが、なかなかそうはいきません。**今いる部下のなかから人選して、時間をかけて育てていく必要があるでしょう。**

右腕がいるメリット

□施設長業務に専念できる
□施設長が迷ったときに相談相手になってくれる
□現場を動かすキーマンになってくれる
□不在時に任せられる

\\ Point 2 // "右腕"にふさわしい人物に共通の5つの要素

"右腕"にふさわしい人物は、以下の5つの要素を共通してもっています。

要素1　あなたに共感している

あなたの代わりをするということは、何かの判断をしなくてはならないときに、あなたと同じか、または似通った結論を出すことが求められます。まったくチグハグな方向にいってしまったら、とても任せることはできません。ですから、"右腕"となる人物は、**ある程度あなたと同じ価値観をもっていなくてはなりません**。少なくとも、あなたの考えに理解がある人であり、かつ、あなたに忠誠心があることは不可決です。

要素2　施設業務に精通している

施設長の"右腕"なのですから、その人物は**施設全体の業務に精通していなければなりません**。全部とはいわないまでも、右腕として任される領域では、深く業務等を理解している必要があります。

たとえば、現場業務であれば、そこを統轄する役職者の役割や業務内容の理解が不可決ですし、多職種と関係するテーマであれば、職種ごとの役割や業務範囲も知っておかなくてはなりません。そこに関係する会議や教育指導の内容も、わかっているほうがよいでしょう。

要素3　仕事のスキルが高い

仕事がある程度できなければ、あなたの代わりを務めることは難しいでしょう。また、仕事の仕方もシングルタスク（1つのことに集中して力を発揮する）が得意なタイプよりも、**マルチタスク（複数の業務を同時進行で行う）が得意なタイプの職員**のほうがよりふさわしいといえます。

要素4　施設長側の立場で現場をみられる

役職が上がれば上がるほど、長期で、そして広い視野で物事を見ることが必要となります。施設長と同じスパンで、**長期で考える思考、現場を俯瞰して見る視野**があったほうが、より適切な判断ができるでしょう。

しかし、一般職では広い視野をもつための機会や訓練の場はなかなか与えられません。"右腕候補"を選ぶときは、少なからずその機会がある役職者から探すほうがよいかもしれません。

要素5　施設内で顔が利く

現場を動かすキーマンになってもらうためには、施設内で"政治"ができるタイプ、つまり**コミュニケーション力が高い人**がベストです。施設内で顔が利き、年齢、性別、役職などに関係なく話ができるような人物がいたら理想です。

\\Point 3// "右腕" 候補者のチームをつくる

　右腕の5つの要素をすべて兼ね備えた人は、そう簡単には見つけられないでしょう。その場合には、要素1、2をクリアしている人物を探してみましょう。候補者が見つかったら、その人達でチームをつくり、何らかのミッションを与えて、取り組む機会をつくってみましょう。その際、あなたが"右腕"を育成するために意識すべき流れやポイントは図のようになります。

"右腕" と呼べる人物の育成の流れとポイント

1. 情報をできるだけ共有する

　情報が限定されてしまっては、現場職員の考えからは脱却できません。できるだけあなたが**持っている情報を共有**しましょう。

2. 施設長の判断理由を伝える

　何かの意思決定をするときに、**どうしてそういう結論を出したのかを、わかるまで説明する**ようにしましょう。すると、思考が施設長に近づいていきます。

3. 悩んだときに相談する

　ある程度の訓練を積んだら、あなたが**悩んだり迷ったときに相談**してみましょう。その回答が、あなたのおメガネにかなうかがポイントです。

5. 上下関係をしっかり認識させる

　情報を与え、権限を移譲すると「自分は施設長と対等だ」と勘違いして、施設長に許可も取らずに行動したり、施設長に反することを職員に話したりといった"越権行為"をする人がいます。**常にあなたが上司であること**を、理解してもらいましょう。

4. 権限を移譲する

　任せられるようになったら、思い切って任せてみましょう。その際には、その人物があなたの代行をするということを、施設内の職員にあなたからしっかりと伝えることが不可欠です。「この案件は○○さんに任せたから、○○さんの指示を私の指示だと思って動くように」と伝えてみましょう。

　ある大型の有料老人ホームでは、役職者のうちから施設長が期待する2人、現場で成長著しい若手人材2人の計4人を集めて「○○ホーム未来会議」を立ち上げました。会議では、上図のような流れで現状を伝えたり、自分の考えを伝えながら"どんな施設を目指すか"を不定期で話しました。ときには仕事後に居酒屋で話すこともありました。

　「未来会議」を3度、4度と続けていくうちに、若手の1人が施設全体のことを長期的な視野で考えていることがわかりました。施設長は早速、次年度の人事でその若手を役職に抜擢し、"右腕"として頼ることにしました。

\\Point **4**// "右腕" ができない理由

　もしここまでの流れで "右腕" を発掘することができないようなら、以下のような状態に陥っていないかをチェックして、やり方を見直してみましょう。

□職員を "操り人形" のように考えていないか

　もし職員に、自分の言うとおりに動く "操り人形" なることを求めているのであれば、右腕は見つからないでしょう。そもそも職員それぞれに "意思" がありますから、思いどおりに動くはずはありません。

　また、仮に思いどおりに動かせる人がいたとしても、その人を右腕とすることは間違いです。なぜなら、その人は "指示待ち人間" であり、あなたの指示なくしては動けない人だから です。

□あなたの職人気質が邪魔をしていないか

　「この人はここがダメだ」「あの人はこの仕事ができない」と人の仕事のあら探しをしてしまうと、一生、右腕と呼べる人には出会えないかもしれません。専門職として "職人気質" の人に多いのですが、自分の求める仕事の水準を他人にも求めるために、人に任せることができず、自分で背負ってしまうことが少なくありません。

□家族的経営になっていないか

　長く勤務している職員ばかりで仲がよく、お互いの考えもよく理解していて、施設長が何かをやろうとしたときにスムーズに進むのであれば、右腕など不必要かもしれません。

　しかし、こうした施設の弱点は、施設長に対して反対意見をもつ人がおらず、施設長が間違ったジャッジをしたときに正す人がいないことです。こういう場合は、あえて外部の人にアドバイザーに就いてもらい、右腕的なポジションとして相談できるようにすることも検討しましょう。

□候補者がいない環境となっていないか

　あるグループホームでは、職員の平均年齢が50代後半で、退職を間近に控えた職員が多く働いていました。そこを任されている施設長は40代で、年齢的には下から2番目。そのため、右腕どころか、あらゆる場面で孤軍奮闘せざるを得ない状況でした。

　このような施設は今後、行き詰まる可能性が高いため、右腕を探すよりも若い世代の採用強化を優先すべきでしょう。

☐ 部下との良好な関係づくりは、「挨拶」と、相手への「興味」と「好意」を示すプラスの投げかけから！

☐ 「１on１ミーティング」で部下とじっくり話してみよう！

☐ 部下からの質問に一問一答の形式で答えるのは、できるだけ避けよう！

☐ あなたの"想い""考え"を伝えるために「方針書」をつくってみよう！

☐ 方針を伝える「発表会」を企画しよう！

☐ あなたを現場で支えてくれる"右腕候補"を見つけて育てよう！

第3章

会議にかかわる悩み

会議を開催しても発言が少ない。会議で決めたことが浸透しない。こうした悩みを抱える役職者は少なくありません。**時間をとって会議を開催するのであれば、成果を出さなければなりません。**

本章では、効果的な会議を開催するための秘訣を解説します。

会議を短時間で効率的に終わらせたい

施設長 リーダー

3章-1

意見が出ない　時間がかかる　まとまらない

Advice 議論を伴う場合は少人数、
議論を伴わない場合は大勢で会議を開催する

\\ Point 1 // 会議には"スキル"が必要

　役職者になると、参加しなくてはいけない会議が増えます。それに比例して、あなた自身が主催する会議も多くなると思います。そのため、**短時間で質の高い会議を行いたい**ところです。

　しかし、実際には「意見が出ない」「時間がかかる」「まとまらない」と悩んでいる人は多いと思います。なぜうまくいかないかというと、会議には"スキル（技術）"が必要にもかかわらず、**ほとんどの介護事業所では会議スキルについて教育を受ける場がない**からです。少しでも会議の進行に不安や苦手意識があるのであれば、会議の設計方法や準備方法、進め方について学ぶべきです。

　会議には定例会議、委員会のほかに、経営者に対する実績報告会、研修、カンファレンス、申し送りなど、多種多様なものがあります。しかし、**必要なスキルはどんな会議であれ共通**です。

\\ Point 2 // 会議の内容に応じて適正人数を考える

　まず知ってほしいのは、会議の設計方法です。特に重要なのは、**会議の目的に応じて参加人数を調整する**ことです。

　会議について、現場で**最も多い間違いは、大人数で議論をしている**ことです。たとえば、議論し、結論を出さなくてはならない会議に、大人数が参加していた場合、意見を言えるのは、ベテラン職員や自

分の意見に自信がある職員ばかりでしょう。そんな職員ばかりが目立つ会議では、「空気を読んでいない人と思われたくない」などといった不安から、意見を出しづらくなってしまいます。

反対に、大人数の会議で意見が出すぎても収拾がつかなくなります。だからこそ、**議論は少人数ですべき**なのです。

一方、議論を伴わない報告会や申し送りなどは、大人数で行っても問題ありません。むしろ、方針やルールを共有するためには、たくさんの人に参加してもらい、一度に聞いてもらうほうがよいと思います。

会議の目的に応じた人数調整

議論を伴う会議

議論を伴わない会議

〈適正人数〉 2〜5人　〈例〉委員会、カンファレンスなど

〈適正人数〉 6人以上　〈例〉方針発表会、実績報告、朝礼、申し送りなど

\\ Point 3 // 大小の会議を連動させて会議の質を高める

少人数で行う会議と、大人数で行う会議をうまく使い分けられるようになったら、それらを連動させることにチャレンジしましょう。

あるデイサービスでは、月に1回、正職員だけではなく、パート職員も含めた「全体会議」を行っています。そこでは主に、新たに決まったルールを共有したり、次に行うイベントの実施方法を説明したりするのですが、会議の最後に「**イノベーションタイム**」を設けています。イノベーションとは"革新"という意味ですが、文字どおり、施設が提供するサービスや、業務の進め方で変えるべき点について、参加者の誰でも挙手して意見を述べることができる時間です。パート職員が参加する会議がほかにないため、彼らの意見を吸い上げるためにスタートした取り組みです。実際に始めてみると、最初はほとんど意見が出ませんでしたが、数か月が経ち、このスタイルに慣れた頃には、次から次に手が挙がるようになったそうです。

ここで重要なのが、あがった意見をどうするか、です。全体会議は大人数が参加していますから、あがった意見について、そのまま議論・検討に入るのはよくありません。そこで、この施設では、あがった意見のうち、特に**緊急性が高い意見や、施設長が重要だと判断する意見を、少人数で行われる「リーダー会議」やテーマごとの委員会に持ち込んで議論する**ことにしています。また、そこで決まったことについては、全体会議で伝達・共有することにしています。

このように、大小2つの会議が連動し始めると、さらに会議の質が高まっていきます。

大小2つの会議の連動

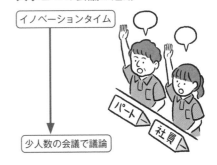

イノベーションタイム

↓

少人数の会議で議論

施設長 リーダー

職員の意見を引き出したい

 Advice

会議は日時とテーマを事前に設定し、ファシリテーション力で意見を引き出す

\\ Point 1 // 事前に「会議日時」と「テーマ」を設定する

会議の参加率が低い施設や、意見が出ない施設では、次の7つのことを実践してほしいと思います。

①会議日時を「毎月第○週○曜日○時～○時」のように**定例化**する

②**参加しやすい時間帯**に設定する

③**年間スケジュール**を参加者に伝える

④**オンライン**でも参加しやすいように工夫する

⑤会議前に参加者に**直接呼びかける**（貼り出すのではなく、口頭で伝える）

⑥会議中の**型**（議論する順序）を決める

⑦**テーマ**をあらかじめ決めておく（会議の場で「今日話し合いたいことは？」のように突然決まることはない）

最も大事なのは**会議日時を定例化すること**です。なかには、シフト表を見て「この日は出勤者が多いから会議をしよう」などと、その都度、会議の開催を決める施設もありますが、これでは会議への参加意識が芽生えません。会議は、定例化し、その時間はほかの業務をできるだけ入れさせないようにすることがポイントです。会議中の進行スケジュールが決まっていることも大切です。

\\ Point 2 // アイスブレイクで話しやすい雰囲気をつくる

　会議の設定ができたら、次は意見を出やすくする工夫です。まず重要なのは、「⑥会議中の型」が決まっていることです。たとえば、ある特養では、ユニット会議を以下のように行うことにしています。これを毎回続けるようにすれば、自然と"型"が参加者に染みついていきます。

会議中の型（例）

テーマ	担当	時間
1）ユニットリーダーより伝達事項	リーダー	10分
2）前回会議の振り返りと進捗確認	リーダー	10分
3）今月の入所者のご様子	サブリーダー	5分
4）新人（入社3か月まで）の指導状況	指導担当者・新人	5分
5）今月のテーマ（そのつど決定）	全員	20分
6）本日決まったことの確認	リーダー	10分

　次に試してほしいのが**アイスブレイク**です。これは場を和ませて、前向きな意見が出やすいようにすることです。前述の特養では、「1）ユニットリーダーより伝達事項」の最初に、リーダーが参加者をその場で指名して「最近、職員に感謝したことは？」のように"お題"を出しています。それに続いて職員が「○○さん、○○をしてくれたときは本当に嬉しかった。ありがとう」のように話すと、場は一気になごみ、話しやすい雰囲気になります。

\\ Point 3 // ファシリテーション力を磨く

　職員から次々と意見が出てくるようにするためには、**ファシリテーション力**を磨く必要があります。「段取り力」、「司会力」と言い換えるとわかりやすいかもしれませんね。つまり、Point 2で示した型に沿って、意見を出すよう促していくのです。

　たとえば、Point 2で例示した特養のユニット会議であれば意見を求める場面は、「5）今月のテーマ」だと思います。意見を出してくれそうな人から順番に「○○さんは、これについてどう思う？」と話しを振っていきましょう。ここで大事なテクニックは、図のとおりです。

　最も重要なテクニックが「オウム返し」です。しかも、ただ意見を復唱するのではなく、長々とした意見のうちの"大事な部分"を抜き出し、整理して「○○さんが言いたいのは、○○が問題だから○○しようということですよね」のように要約して復唱するのです。

ファシリテーションのテクニック

意見を要約して復唱する／前向きそうな人にまず話をふる／発言が少ない人を指名する

施設長
リーダー

「結論」につなげたい

Advice

前もって落とし所を考えておく。
マクロの視点で「ベター」を目指す

\\Point 1// ゴールは「ベスト」ではなく「ベター」

　会議で活発に意見が出るのはよいことです。意見が出ないよりは、やりがいもあるでしょう。しかし、**意見が出れば出るほど、結論を出すことは難しくなります**。なぜなら、介護の仕事では、多様な価値観がぶつかり合うことが多々あるからです。

　イベント一つをとっても、"どれくらい利用者を楽しませたいか"という気持ちは職員それぞれです。手間がかかってもとことん利用者を喜ばせたい職員もいれば、できるだけ簡単に済ませたいと思う職員もいます。また、そこで行うアクティビティや提供する食事なども「安全」に対する考え方が違えば衝突します。たとえば、「お酒を出したら喜ぶ」という職員がいる一方で、

「アルコールなんてもってのほか」という職員もいるでしょう。それくらい介護現場で行われる会議で"結論"を出すことは難しいのです。

　そこで意識してほしいのは、**会議の参加者それぞれの「ベスト（理想）」を戦わせないようにすること**です。価値観が違うもの同士が「ベスト」を言い合ったら、結論など出るはずもありません。

　では、どうするか。結論を出しやすくするためには、「ベター（今よりもよい）」を目指せばよいのです。

議論では「ベター」を目指す

\\Point 2// "マクロ" の視点で結論を出す

結論を出すときの指標はいくつかあります。たとえば、以下のようなものです。

- ・世の中の流れを汲んでいる
- ・施設の方針、目標に沿っている
- ・利用者全体にとってよい
- ・法人の理念に合っている
- ・長期的によくなる
- ・職員全体にとってよい

ここで大切なのは、「マクロ」の視点で判断することです。よくビジネスの場で「マクロ」「ミクロ」という言葉が使われますが、「マクロ」とは「長期」「全体」といった広くて大きな概念で、「ミクロ」というのは「短期」「個別」といった小さなとらえ方です。意見が割れたときは、ここで掲げたように、マクロ（全体・長期）にとってよくなるか（合っているか）という視点で考えるとよいでしょう。

マクロとミクロの視点

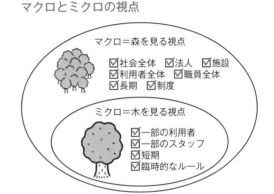

\\Point 3// "落とし所" を決めておく

あなたが主催する会議では、**あなたの考えとまったく異なる結論にならないようにすること**も大切です。もちろん、会議のなかでは、あなたの想像と違う意見や、あなたの考え以上に素晴らしいアイデアも出されるでしょう。そうした意見やアイデアが出るのであれば、その会議は「成功」といえますが、あなたが賛同できないような結論に向かってしまったら、そこから話を引き戻すのは大変です。

結論が思いもよらないものにならないようにするためには、前もって "落とし所" を決めておくことが大事です。具体的には、落とし所を決めたら、そこに話が向かうように意見を求め、「オウム返し」や「前向きそうな人にまず話をふる」などのテクニック（➡ p.35）を駆使して話し合いを進めていくのです。

一方で、**あなたの「ベスト（理想）」に執着していては、ほかの職員にとって不満が残る会議となることもあります**。特に反対意見を封じ込めるようなことがあれば、かえって収拾がつかない状況になってしまうでしょう。

また、あなたの考えが間違っているということも十分にありえます。参加者の意見に照らしながら、途中で "落とし所" を柔軟に変化させることも、ときには必要です。

事前に決めた "落とし所" を目指す

3章-4 **施設長** **リーダー** # 会議資料づくりが大変

Advice フォームを作成し、資料づくりにかかる手間を削減する

\\Point 1// 「アジェンダ」はフォーマットを作成して手間を削減

　会議の質を高めるために、事前に準備する資料が重要であることはいうまでもありません。資料には、検討事項に関する配布物や、プロジェクターなどの機器や設備を使って見せるものなど、さまざまなものがあるでしょう。

　資料のなかでも特に重要なのが、**会議のテーマや議題、要点をまとめた「アジェンダ（レジュメ）」**です。これは、会議で話し合うテーマや目的を参加者に認識させたり、会議を円滑に進めたりするうえで欠かせないものです。しかし、このアジェンダづくりに時間がかかることに悩む施設長やリーダーは少なくありません。そこで、以下の3点を実践することをおすすめします。

①フォームづくりに "魂" を込める（空欄を埋める形式にする）
②「会議タイトル」「日付」「議論テーマ」「検討したいポイント」「参加者」「欠席者」を入れる
③多人数で作成する場合には「Google スプレッドシート」「Google ドキュメント」などを活用する（1つの資料を複数名で一緒に作成できる Google の機能）

　最も大事なのは、「①フォームづくり」です。右ページの表は Word の表作成機能を使って作成したフォームですが、空欄を埋めるだけで、短時間でアジェンダを作成できます。会議中に参加者が書き込みやすいように、あえて議題（小見出し）だけを記載し、空欄をつくっておいてもよいでしょう。

アジェンダのフォーマット

○○デイサービス　リーダー会議

8月度	実施日	令和5年8月10日（木）	作成者	糠谷和弘
	参加者	西村、高山、岬	欠席者	小松

1．前月営業数値

営業日数	26	定員	30	売上	5,279,722
請求人数	76	のべ利用人数	623	稼働率	79.9%
平均利用回数	8.2	客単価（日）	8,475	キャンセル率	11.2%

目標値					
稼働率	80%以上	平均利用回数	8回以上	キャンセル率	10%以下

キャンセル率は、「（キャンセル人数－代替利用人数）÷当初の利用予定人数」で計算

【稼働率目標達成のために実施したことと反省点（相談員記入）】

・7月中旬に居宅19件に訪問した。ほかに、空き状況を訪問していない31件にFAX。

2．新人教育（トレーナー担当が記入／できている場合には✓）
☑ 新人への指導項目一覧に沿って指導を行っている
☑ 新人との指導面談を計画的に行っている（15日・1か月・2か月・3か月）
☑ 指導の遅れがあれば、その都度、リーダーと共有している
【対象者名と指導状況】

新人名：伊東さくら　トレーナー名：岬達夫
指導状況：未経験で入社して3か月経過したが、飲み込みが早くほぼ1人で業務をこなせる。

3．今月の議論テーマ

テーマと要点	外出レクの再開について（コロナ収束に合わせて外出イベントを再開）

4．9月の主な予定

7日（木）17:00～18:00　リーダー会議／15日（金）17:00～18:00　全体会議

\\Point 2// 準備にかかる時間と、優先度を天秤にかける

　会議の資料の準備を上司から頼まれることもあるでしょう。求められる内容によっては、情報収集や作成に時間がかかるため、定例会議で毎回その資料が必要となれば、暗い気持ちになってしまうと思います。

　こうした場合は、上司へ率直に相談してみましょう。しかし、「負担が大きい」という理由だけでは納得してもらえないかもしれません。そこで、**上司が知りたい情報や優先度・重要度を確認し、必要な項目を見直したり、報告する頻度を落としたりできないか相談してみるとよいでしょう。**あなたの考えを上司にプレゼンテーションしてみてください。

施設長 リーダー 会議で決まったことが伝わらない

3章-5

Advice

議事録はその日のうちに回覧する。繰り返し伝えることで浸透率が向上する

\\Point 1// 議事録は"その場"で、"その日"に

　会議でどんなによい議論ができても、それが現場に伝わらなかったら意味がありません。しかし、介護施設の多くはシフト制で運営されています。特に特養などの夜勤のある事業所では、職員全員が集まる機会はほとんどないですから、全体に情報を周知しようとしても、一度に伝えることはできません。

　まず見直したいのが「議事録」です。議事録の作成に時間がかかると、情報が古くなります。議事録は、"備忘録"であると同時に、**会議に参加していない"職員への伝達ツール"**でなければなりません。つまり、会議終了後、即座に回覧すべきです。そこで、以下の8点をおすすめします。

①会議にパソコンを持ち込んで書記が"その場"で作成する

②アジェンダ（➡ p.39）に加筆する

③その日（会議当日）のうちに完成させる

④大事なポイントに下線やマーカーをする

⑤専用ファイルをつくってファイリングする

⑥誰でも手に取りやすい場所に設置する

⑦申し送りなどで、議事録の確認を指示する

⑧箇条書きなど、読みやすくなる工夫をする

\\Point 2// 「３回伝達７回浸透の法則」で伝達率を向上する

　どんなに「議事録」を準備しても、読まない職員はゼロにはならないでしょう。議事録に読んだスタッフが押印する欄を設けている施設もありますが、「確認印を押しているくせに『知らない』と答える職員が多くて困る」と嘆く声をよく耳にします。やはり、顔を見ながら直接伝えるのに勝る手段はありません。

　そこで、私がおすすめしているのが「３回伝達７回浸透の法則」です。何か大事なことを伝えたいときには、まずは朝礼や申し送りの場で"３回（日）連続"でその話をします。また、特に大事なことでしっかりとその情報を理解させたいのであれば、１週間（７日）連続で同じ話を伝えます。何度も聞く職員は"しつこい"と思うかもしれませんが、それだけ伝え続ければ、さすがに浸透するでしょう。

３回伝達７回浸透の法則

大事なことを伝えたい
→３日連続で共有する

大事なことを浸透させたい
→７日連続で共有する

\\Point 3// 共有から１か月後にチェックする

　大事なことをうまく伝えることができたら、次はそれを確実に実践することが大切です。そのためには、実践状況のチェックが必要ですが、介護施設は月単位で動くことが多いため、確認のタイミングは会議の直後ではなく、**共有してから１か月後**がベストでしょう。

　あるデイサービスでは、朝礼や申し送りの際、必ず１か月前の記録も一緒に準備して確認しています。日付順に議事録やノート、日報が綴られていれば、遡るのは簡単です。

　このとき、順調に実践できていればよいですが、進んでいない場合はすぐに対処しなくてはなりません。「○○さん、朝礼後に残ってもらえますか？」などと伝えて、以下のことを確認しましょう。

```
□できなかった理由
□対応策
□開始する時期
```

　また、進んでいなかったことをその日の議事録に記録し、その１か月後に再度、進捗状況を確認します。これを繰り返していると、決まったことが定着しやすくなります。

3章-6

施設長 リーダー

会議で決まったことを やってもらえない

前のやり方がよかった！

Advice

会議で決まった意見を ひっくり返すことを禁止する

\\ Point 1 // "ちゃぶ台返し" は禁止する

「会議に参加しないくせに、決まったことを『納得できない』『前のやり方のほうがよかった』と動いてくれない職員がいるんです。どうしたらよいですか？」

これはよく聞かれる質問ですが、こんな意見がまかり通ってしまったら、そして1人が言い出したことがきっかけで反対者が増えていったら取り返しがつきません。会議を開催した意味もなくなります。

まずは、**会議に参加しなかった職員の発言権やポジションを明確にしましょう。**そしてちゃぶ台返し、つまり一度決まった意見を根底からひっくり返すことを禁止する**ルールをしっかりと全職員に認識させる必要があります。**ある施設では、会議の出欠を確認するための回覧用紙や方針書（➡ p.24）に以下のルールを記載し、新人研修でも必ず伝えるようにしたところ、ちゃぶ台返しはなくなりました。

☐ 変えたいことがあれば、会議で発議する（影で「こうすればいいのにね〜」はNG）
☐ 会議に参加できなかったら、自分の意見を参加者に託す（託さなかったら、意見がないとみなす）
☐ 話し合いで決まったことは、自分と意見が違っても反対しない（ちゃぶ台返しはNG）
☐ 決まったことは、とりあえずやってみる（勝手に自分の解釈で変えない！）

\\Point 2// 大奥をぶっ壊せ！

　ちゃぶ台返しに対処する方法は、もう1つあります。「反対」を言い出す人物に着目してみてください。私の経験では、影で不平不満を口にして、周囲に共感を求め、言葉巧みに現場を牛耳っている人が、どこの施設にも1人や2人はいます。なかには、休憩室やLINEで"不平不満グループ"をつくり、影で現場を支配しているケースもあるので、私はこれを「大奥」と呼んでいます。

　大奥で話題にされる不平不満は、彼ら、彼女らにとっては「正論」ですので、よい方向に向かえば、あなたの力になってくれます。しかし、一旦反対にまわると、手に負えなくなることもあります。大奥が"新人いじめ"などに発展するケースも少なくありません。

　施設内の政治は、大奥ではなく表舞台である会議でやるべきです。大奥は早めに解体するようにしましょう。その方法としては、職員との立ち話や面接を通じて、反対を言いがちな職員、反対意見に拍車をかける職員を探し出し、その職員と1対1で話す場を設けます。そして、その人が反対意見を出したとみられるテーマをぶつけ、個人の意見（反対意見）を聞き取ります。そのうえで、会議の意義、ルールを伝え、なぜ反対意見を会議の場で言わないのかを問い、ちゃぶ台返しが二度とないように指導します。

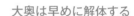

大奥は早めに解体する

\\Point 3// 意見を言える場をつくる

　ちゃぶ台返しを禁じ、大奥を解体して決定事項が現場で覆されない環境をつくったとしても、会議で決まったことが、現場でうまくいかないこともあります。**反対の意を唱える職員が、必ずしも間違っているわけでもない**のです。その点は、誤解がないようにしなくてはいけません。

　Point 1、2で挙げた手法は、会議で決まったとおりに動いてもらうためのものであって、反対意見を封じるためのものではありません。完全に封じてしまったら"指示待ち人間"を増やすことになったり、「自分たちの意見は通らない」とモチベーションを落とす職員を生み出すことにもなりかねません。**役職者としては、反対意見も重要な意見として、取り上げる必要があります。**

　そのための場は会議や委員会、ミーティングであるべきですが、家庭環境などの理由で出席がどうしても難しい場合もあります。そうした職員には、1on1ミーティングを実施するなどして、特別に配慮しましょう。反対者へのそうした気遣いが、あなたの組織、チームをより強固にしていきます。

1on1ミーティングなどの
配慮がチームを強くする

☐ 円滑な会議には「スキル」が必要！　身につけて効率的に進めよう！

☐ 会議で最も大事なのは「適正人数」。目的に応じて人数を調整しよう！

☐ 会議の"型"をつくり、「ファシリテーション力」を磨いて職員の意見を引き出そう！

☐ 会議のゴールは「ベスト（理想）」ではなく、「ベター（今よりよい）」！

☐「アジェンダ」「議事録」は、フォーマットづくりが一番大事！

☐ 会議欠席者には、顔を合わせて３回以上伝えよう！

☐ "ちゃぶ台返し"を禁止して、会議の価値を高めよう！

上司との関係性の
築き方にかかわる悩み

リーダーであれば施設長等、施設長であれば法人本部等といったように、**役職者には上司との積極的なかかわりが求められます**。しかし、コミュニケーションのとり方に悩んだり、上司が不在で仕事が進まなかったりと、かかわり方に迷う人も少なくありません。

本章では、上司との関係性の築き方について、そのポイントを整理します。

施設長
リーダー

会議が多すぎて仕事にならない

Advice ## 仲間とともに "デメリット" を明らかにし、上司等へ "落とし所" を明示する

\\Point 1// 仲間とともに "デメリット" を明確にする

　10数棟の有料老人ホームを運営する法人に所属するK施設長は、以下の定例会議に参加しています。

・営業会議（週1回）	・幹部会議（月2回）	・BCP作成委員会（月1回）
・施設長勉強会（月1回）	・採用判定会議（月1回）	

　いずれも施設から1時間離れた本部で実施されており、参加のたびにExcelで作成された報告フォームに、膨大な量の情報を入力しなくてはなりません。ほかにも理事会や役員会をはじめ、役員からの指示で出席する業界団体の会合などもあり、「施設長としての仕事にまったく集中できない」と悩んでいました。K施設長のように「経営者や本部から降りてくる業務が多すぎて、自分の仕事に手がつかない」という施設長は少なくないのではないでしょうか。

　私の経験だと、**会社が大きくなり、経営者との距離が離れるほど、会議量は増えていきます**。また、介護業界外から経営者が参入した法人でも、会議の数が多くなる傾向があります。無理なくこなせる量ならまだしも、それが理由で施設運営に支障をきたすのなら、元も子もありません。

　こうした法人であれば、**あなたと同じ悩みをもつ施設長が法人内にほかにもいるはず**です。そこでまずやるべきは、愚痴を言い合うことではなく、図のような会話を通じて、**会議が多いことによる "デメリット"** と、**会議がなかった場合に "できること（メリット）"** を明確にすることです。

会話を通じてメリットとデメリットを明らかにする

 営業会議は、本部への移動時間、会議時間、準備時間の合計で5時間はかかるよね

ほかに○○会議、○○会議があるから月8回、つまり本部会議は月40時間分だね

 僕たちの勤務時間が月160時間だから、仕事の1/4は会議だね

これがもう少し減らせたら、病院営業に行ったり、見学対応ができて稼働率UPにつながるかもしれない

\\Point 2// "落とし所"を検討する

次は上司や本部に対する相談です。その際、あなた達の要求ばかりを伝えると、失敗に終わる可能性があります。なぜなら上司や本部は「必要だ」と思い、会議の量や頻度を決めているからです。その考えにも配慮がなくてはいけません。

そこで、**仲間と一緒に"落とし所"を見つけてほしい**のです。その条件は以下のようになります。

> □提供する情報量が改善前と同じ程度
> □報告頻度が改善前と同じ程度
> □負担軽減によるメリットが大きい（＝軽減した分と同程度以上にメリットがある）

たとえば、週1回開催されている営業会議であれば、本部開催を月1回、オンラインを月1回ずつ開催し、残り2回の代わりに週報をメールするといった具合です。その際、上司や本部を納得させるためにも、負担を減らした分のメリットを一緒に伝えるようにしましょう。

また、立ち話で伝えるのではなく、「次の会議のあとに10分ほど、時間をいただけませんか」と**相談の場をつくってもらい、仲間と一緒に資料を作成して交渉に臨む**とよいでしょう。その際、自分たちの考えを押し通すのではなく、本部や上司にとってもメリットのある案を提案するようにしましょう。

落とし所検討のポイント

施設長
リーダー

上司に効果的な報告をしたい

 Advice

"ちょっと早め"を意識して報告する。伝えるときは"よいニュース"から

\\Point 1// "ちょっと早め"の報告を意識する

　上司に何かを指示されたら、上司から確認される前に、進捗状況を報告する。これは報連相の"基本のキ"ですから、指導的な立場にいる人であれば知っていて当然です。

　一方で、顔を見るたびに「あの件、どうなった？」と声をかけてくる上司もいます。これは本人の性格によるところも大きいですが、自分がしっかりやっているかどうかは無関係にそう言われると、イラ立ちを感じたり、「上司から信頼されていないのでは」と不安になったりするでしょう。

　しかし、仕事である以上、「イライラする」だけでやり過ごしてはいけません。**なぜ上司から頻繁に進捗状況を確認されるのか、その原因を考え、改善に取り組む必要があります。**

　多くの場合、その最大の理由は、**上司が"報告してほしいタイミング"と、あなたが"報告しているタイミング"が合っていない**ことです。

　そこで、まずはタイミングを合わせることから試してみましょう。上司から「あの件、どうなった？」と言われたら、「報告が遅くなってすみません。どのタイミングで、報告すればよかったですか？」と確認してみるのです。その案件について話す機会がない場合は、いつもよりも"ちょっと早め"を意識して報告するとよいでしょう。

　また、次のような点にも注意するとよいと思います。

□報告のタイミングを決めておく
□連絡手段を確認する
□報告してほしい情報を確認する

　特に**連絡手段を確認する**ことは大切です。上司にとって、メール等での報告がよいのか、口頭でテキストでは伝えきれない"ニュアンス"や"空気感"まで伝えてほしいのかを確認するのです。

　このやり方がうまくいくと、**上司からの信頼が跳ね上がる**こともあります。会議以外の場で報告の機会を増やせば、上司とのコミュニケーション頻度は上がります。こうして接点が増えると、あなたのことがより"近い存在"に思えてくるはずです。また、その報告が的確であれば、あなたは"安心して任せられる部下"として認識されるようになるでしょう。

報告のタイミング

実際に報告する
タイミング

"ちょっと早め"を
意識する

部下

報告してほしい
タイミング

上司

\\Point 2// 「安心材料」を先に伝える

　報告の内容も重要です。進行中の業務がどの程度まで進んでいるのかだけを伝えるのでは不十分です。報告の際は以下の5つの点を意識して伝えるようにしましょう。

□定期的に伝える
□達成度合いを具体的に伝える
□手短に伝える
□「安心材料」と「不安要素」をバランスよく伝える
□上司が心配している点をより詳しく伝える

　ここでのポイントは、**安心材料、つまりよいニュースから伝える**ことです。人は安心できる報告を聞いてから、不安要素を聞いたほうがよい印象をもちやすくなるからです。

　たとえば、アンケートなどでも最初に「不満」を尋ねると、アンケート全体がネガティブな回答で埋め尽くされることがあります。これは最初の質問で「負の感情」をかきたてられるため、そこから立ち直るのに時間がかかってしまうことが原因です。報告のほか、アンケートや説明会、会議など、相手にプラスの感情になってほしいときには、最初に安心材料を提供することを心がけましょう。

　また**「不安要素」を話すときは、あなたが考える"対策"も一緒に伝えましょう。**そうすることで、あなたへの信頼感がさらに増すはずです。

報告の順番

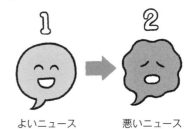

よいニュース　　　悪いニュース

施設長 リーダー

報告資料が多すぎる

 Advice

重要度が低い資料を明らかにし、上司に適正化を相談する

\\Point 1// システムを活用して効率化を検討する

「報告資料が多く、負担だ」と悩む施設長も少なくありません。所属する施設等のオーナーが上場企業や大企業であれば、営業情報や予測資料を株主や本部の役員等に提出しなければならないため、報告資料はいっそう多くなるでしょう。

実際、ある大手有料老人ホームでは、「業務報告書」という書類の作成が義務づけられています。その書類には、「デスクワーク」「入浴介助」「フロア介助」「外部業務」などの項目が設けられており、誰が、どの業務に、どのくらいの時間を費やしたかを入力することとなっています。この書類が何に役立てられているのか、実際に働く職員も把握できていませんが、日々の作業量は膨大だといいます。

このように報告資料のなかには、作成に時間がかかる割に重要だとは感じられない資料も少なくないはずです。こうした資料については、適正化が必要でしょう。

ただし、忘れてはならないのは、**一見して"無駄"に思える報告資料であっても、何らかの目的があって作成が求められている**ということです。資料作成を"無駄"ととらえる前に、自分なりに効率的な作成方法や提出方法を模索してみることも必要です。最近では、介護システムも進化しており、運営データを自動で分析してくれるものもあります。こうした**システムを最大限活用することも施設長には求められます**。

\\Point 2// テーマに優先度をつける

　報告資料の適正化には、**報告相手への相談・交渉が必要です**が、その前に作成してほしいものがあります。それが以下の表です。この表は「重要度（高低）」と「業務負担（大小）」の2つの指標で4つに区分されており、いまあなたが煩わしいと感じている資料を客観視することができます。

　たとえば、あるデイサービスでは、利用者に販売するための尿取りパットの在庫を、毎月末に数えて報告しています。親会社が物流（倉庫）業のため、このルールができましたが、月に数枚しか売れず、現場からしたら無駄と感じる作業ですし、親会社もそれほど重視していないものと推測できます。

　この在庫報告資料を、以下の表で区分すると、「作業負担」は小さく、「重要度」は低いと判断できますので、③に仕分けできます。このように、無駄と感じる報告資料を仕分けしてみましょう。

報告資料の区分

重要度 ＼ 作業負担	小さい←	→大きい
高い ↑	① 維持	② 作業負担を減らしたい
↓ 低い	③ できればやめたい	④ やめたい

※「重要度」は依頼主である経営者や本部の立場で考えたときのもの

\\Point 3// 適正化を相談する

　報告資料の仕分けが済んだら、**まずは負担が大きい割に重要度が低い④に分類された資料について、依頼主である経営者や本部と相談してみましょう**。なかには、依頼主が作業負担を十分に理解せずにお願いしているケースも散見されます。粘り強く交渉してみましょう。

　次に見直したい資料は、②に分類された資料です。大切な資料であることに理解を示しつつ、報告頻度を低くしたり、項目を減らしたりすることができないかを相談してみましょう。

　続いて、③に分類された資料の見直しですが、作業負担がさほど大きくないため、こちらは相手が聞く耳をもっていると感じた場合に相談してみるのがよいでしょう。

　最後に①に分類された資料は、重要度が高く、作業負担も小さいため、作成を続けていきます。

　こうして資料を分類し、見直しを相談していく過程で、報告資料の目的があなたの思っていたものと違うと気づくこともあるでしょう。そうなれば、②に分類された資料が①に移動することもあるかもしれません。そうした場合は、別の簡単なやり方で継続していくことができないか、検討してみるとよいでしょう。

根拠をもって相談する

施設長 リーダー

上司から無理な要求をされる

もっと儲けろ！

 Advice

経営者の求めることと、現場のギャップを埋める

\\ Point 1 // 経営者による無理な要求が職員の離職につながる

　介護業界の利益率は、他業種と比較するとかなり低い水準です。以前、不動産業から介護事業に新規参入した経営者が「こんなに儲からないなら、やらなければよかった」と嘆いている場面に遭遇したことがありますが、特に不動産のような高利益率の業界からすると、信じられないほど薄利だと思います。

　こうした事情もあり、介護業界の現状や、介護保険制度に対する理解度が低い経営者は、「もっと儲けろ」「人件費がかかりすぎだ！　人を減らせないのか」と無理な注文をしがちです。こうした発言を現場職員が耳にすれば、「この会社は儲け主義だ」と感じるなど、決してよい気持ちはしないでしょう。

　ほかにも、「営業」や「IT機器が不得意」といった業界全体の課題を理解せずに、過酷な営業活動を強いたり、難解な表計算が必要な資料を求める経営者に出会ったこともあります。こうした施設では、「もうあの経営者にはついていけない」という理由で離職が絶えませんでした。

　経営者と現場職員の間に立つ施設長は、こうした両者の溝を埋めなければなりません。 そのためには、無理な目標を求める経営者や上司に、制度や現場のことを理解してもらうことが一番の近道です。

間を取り持つことも施設長の重要な役割

経営者　　　施設長　　　現場

\\Point 2// 経営者の現場への理解を促進する

　社会貢献を重視する経営者であれば、介護事業に参入する前に、ある程度の業界の事情を下調べしているかもしれません。しかし、なかには正しく理解できていない人もいるようです。そこで、まずは「ご存知のこともあると思いますが、理解を深めるためにも聞いていただけますか」と断りを入れ、以下のことを説明し、理解してもらいましょう。

□施設の人員基準（特に「専従」「常勤」「常勤換算」などの用語の意味）
□加算を算定するための人員要件
□施設の定員稼働率の上限（頑張れば達成可能な水準値）
□上限稼働率になった場合の売上予測
□全国の介護施設の平均的な利益率（毎年行われる「経営実態調査」の結果などを活用）

　ここで**気をつけなければいけないのは"伝え方"**です。これらの説明が経営者の指示どおりに動かない"言い訳"ととらえられると、よいことは一つもありません。ですから、**経営者の求めることと現場とのギャップが大きいことを最初に説明して、相談するというスタンスで臨む**とよいでしょう。

　万が一、そこまで説明しても理解されないようであれば、指示どおりに進めると「人員基準違反」や「行政処分」になるなど、リスクも一緒に説明しましょう。

\\Point 3// 辞めることも選択肢の一つ

　ある社会福祉法人では、理事長が創業者から息子さんに変わった途端に、目標が厳しくなりました。その二代目理事長は医大を卒業し、研修医を経て法人に入職しました。数年後には、現場を一切経験することなく理事長に就任したそうです。経営者になると、すぐに分厚い「中期経営計画」を発表して、クリアできそうもない高い数値目標を設定しました。そして、新規事業にも次々と着手しました。新施設には、既存事業から人を異動させて補充し、ほとんど新規採用はしませんでした。できるかぎり"兼務"を増やし、ギリギリの人数で運営しようとしたのです。実質的な"人減らし"です。それに対して、既存施設の施設長は「人員基準違反だ」と咎めましたが、理事長は「ほかの施設ではどこもやっている」とまったく耳を貸しませんでした。

　結果として内部告発があり、その法人は指定取り消しとなりました。人員基準違反を訴え続けた施設長は最後まで"正義"であったにもかかわらず、一緒に告発されることとなりました。こうした事態に陥る前に"辞める"ということも選択肢の一つであると知っておいてほしいと思います。

困った上司への対処法が知りたい

4章-5 ｜ 施設長 ｜ リーダー

Advice まずは "上司の上司" に相談する。逃げ道をふさぐ質問が効果的なことも

\\ Point 1 // 反抗したり、やる気を失うのは "負け"

本章をここまで読んでいただくとわかるように、リーダーにとっては施設長、施設長にとっては経営者や理事、事務長などの「上司」を動かすことも施設長やリーダーに必要な技術の一つです。こうした技術は以下のような上司がいる場合に、より活きてくるでしょう。

> ×判断してくれない上司（質問しても回答がない上司）
> ×相手によって態度が変わる上司（叱れない上司）
> ×新しいアイデアにはすべて反対する保守的な上司
> ×業務の説明が乏しい上司
> ×機嫌のアップダウンが激しい上司

ほかにも、異業種での経験が評価されて入職し、重役に就いたものの、介護現場や制度のことがまったくわからず、理想論ばかりを指示する人もいました。しかし、こうした人たちの部下になったからといって、反抗したり、やる気を失ったりしては "負け" です。そうならないための方法を2つ紹介します。

\\Point 2// "上司の上司"を味方につける

まず紹介するのは、上司の上司に相談して、この課題を解決するという方法です。たとえば、あなたがリーダークラスで、"困った上司"が事務長であれば、事務長の上司にあたる施設長に直接はたらきかけて味方にする、というやり方です。

ある特養では、事務長が退職し、代わって銀行を早期退職した人が事務長となりました。就任直後から「有休取得率の向上」「残業ゼロ」「男性育児休暇の100%取得」などを次々と掲げ、それを推進しようとしました。しかし、それを実現するには、人手が不十分です。にもかかわらず、現場スタッフには「有休をもっととれ」と呼びかけるため、フロアリーダーらは人員基準をクリアできるシフトが組めなくなりました。リーダーらが残業して何とか運営しています。にもかかわらず、新規採用の要望には「利益が減る」とまったく耳を貸しません。そこで、リーダーらは、事務長の上司の施設長に直談判し、事務長に現場の状況を理解した指示にしてもらうようにはたらきかけました。施設長は、すぐに事務長に個別に話をして、有休取得などの取り組みをトーンダウンし、職員採用を開始しました。

\\Point 3// 逃げ道をふさぐ

もし上司の上司とつながるのが難しいのであれば、"困った上司"に直接はたらきかけて、改善を促すしかありません。

そこで、まずやってほしいのは、質問するときに「どうしたらよいですか?」といった相手が自由に答える「オープン・クエスチョン」ではなく、「○○をしてよいですか?」のように「はい」「いいえ」で回答できるような質問をするか、「○○と○○のどちらにしますか?」のように"選択肢"を相手に与える**「クローズド・クエスチョン」で質問する**ことです。

たとえば、あなたがどうしても通したい意見を「プランA」とすると、「今の方法だと○○というデメリットがあります。プランAでいくと○○というメリットがあります。どうしますか?」などと質問するのです。

この場合"判断できない上司"や"保守的な上司"だと、今の方法から変える決断はできないでしょう。もしあなたが期待する回答でない場合には「では今の方法を続けますが、このままいくと○○という支障が出ますがよいですね?」と続けてみましょう。すると上司は、このままいけば"支障が出る判断"を自らすることになります。「では、プランAでいこう」という判断を導き出せるかもしれません。こうして**"逃げ道"をふさいで**しまうのも、"困った上司"には効果的な方法です。

クローズド・クエスチョンで質問する

今の方法のままだと○○○というデメリットがあります

プランAだと○○○というメリットがあります

どうしますか?

もっと自分に任せてほしい

施設長
リーダー

4章-6

Advice

施設長が決裁するための
プロセスやルールを整える

\\Point 1// 「採用」「経費の支出」の悩みは現場で絶えない

　あるデイサービスでは、人手不足にとても困っていました。にもかかわらず、採用が一向に進みません。原因は「最終面接は理事長が行う」というルールでした。理事長はとても多忙でスケジュール調整が難しく、面談を先延ばしにしているうちに、応募者が他社に決めてしまうということが繰り返し起こっていたのです。いまは"売り手市場（求職者のほうが求人企業よりも有利な状況）"ですから、人材獲得競争は一刻を争います。こうした場合は、理事長から施設長に採用権限を移譲することを検討したほうがよいかもしれません。

　また、有料老人ホームのK施設長の場合、本部の定めた物品購入ルールに悩まされていました。月に2万円以上の物品を購入するためには、本部に対して"購入申請"が必要で、許可がなければ買うことができません。そのため、施設で季節のイベントを実施する際にも企画書、購入申請書を作成し、つど本部に確認をしなければなりません。加えて、申請期限がかなり厳しく、申請が遅れると許可がおりないため、イベントで小口の経費の支出が必要だった際には、申請が間に合わず、イベントで使う物品をやむなくスタッフ総出で手作りするなど、運営に大きな支障がありました。

　このように**施設長に権限を委譲したほうがスムーズに事が運ぶ**にもかかわらず、それがなされていないケースが現場では散見されます。

\\Point 2// "採用"はプロセスを整えて施設長が行う

施設長に採用権がないのは、経営者が安心できる採用プロセスになっていなからです。そこで、ある法人では、採用プロセスを見直し、「面接におけるルール」を以下のように決めたことで、理事長から施設長に権限を移譲することになりました。

1）会社案内の方法（「企業文化」「仕事内容」「休みのルール」などを伝えてミスマッチを防ぐ）

2）エントリーシート（「希望給与」など、面談で聞きづらいことをあらかじめ記入してもらう）

3）面談での質問項目（必ず質問することをあらかじめ決めておく）

4）適正検査（ストレス耐性、うつ傾向のチェック）

このように、施設長面接でさまざまな角度から選考できるようにプロセスを見直したうえで、採用するかの最終判断を経営者に委ねるというようにすれば、経営者の不安も解消されるのではないでしょうか。

\\Point 3// "支出"は明確なルールを定め、施設長が管理する

では、経費の決裁権についてはいかがでしょうか。前述のK施設長のように経費の決裁権がない（あるいは小さい）ことに悩む施設長は少なくありませんが、こちらも**明確なルールを定めれば、ある程度の決裁権が認められる場合があります。**

ある施設で私が提案したのは、以下のようなルールです。いずれも提案前は理事長が判断していましたが、施設長が決裁してよいということになりました。

□月間イベントの経費（1回最大4万円／年間24万円）

□修繕費（1回50万円まで／年間収入の0.3％以下まで／2つ以上の業者を比較して依頼）

□スタッフスマイル経費（1回最大1万円／年間5回まで／一次会まで）

※「スタッフスマイル経費」は、スタッフを食事につれていくための経費で、施設内で話しづらい
　相談を受けるときなどに使います

この施設は老朽化が進んでおり、水回りが故障することがよくありました。この提案をする前までは、修繕に理事長の許可が必要で、修理に時間がかかることが多々ありました。修理を依頼する業者をいくつか決めておくことと、上記のように規定を変えることで、運営に支障が出るような故障にスムーズに対応できるようになりました。

採用や経費の決裁権が理事長などから施設長に移譲されないのは、そこに不安やリスクがあるからです。それらを解消するルールを定めれば、問題が解決することも少なくありません。ただし、一度任されたからといって気を抜いてはいけません。「大きなミスがあれば、二度と任せてもらえない」と考え、報告を密にしながら、実績を積んでいきましょう。

☐ 会議が多すぎて仕事にならない。そんな場合は、上司に交渉してみよう！

☐ 上司に効果的に報告をするなら"よいニュース"から伝えることが大切。"ちょっと早め"を意識して伝えてみよう！

☐ 報告資料の作成が大変なら「内容」「方法」「頻度」の適正化を相談してみよう！

☐ 無理な要求があったら、上司に正しい理解を求めよう！

☐ 困った上司に対処するには、"上司の上司"を味方につけよう！

☐ 自分が権限をもって決められる範囲が狭いと感じたら、権限を委譲するメリットを上司に伝えよう！

☐ 「採用」「費用の支出」を任せてもらうためには、上司が安心する材料を提示しよう！

第5章

新人の教育に
かかわる悩み

　仕事は先輩の背中を見て覚えるもの。こんな教育方法をしてはいませんか？　それでは**早期離職につながってしまうこともあります**。だからといって、手取り足取り指導する余裕なんかない！　という方も多いはず。

　本章では、新人教育にかかわるさまざまな悩みを取り上げます。

施設長 リーダー

教える時間がとれない

教えて
ほしいことが!

ごめん
今はムリ!

Advice 職人的教育はタブー。人手不足でもできる教育法を検討する

\\ Point 1 // 今どきの職員像を押さえる

　高齢者が年々増え続けるのに比例して、要介護認定者も増えています。にもかかわらず、この本を書いている2023年時点で、介護人材は全国で約22万人不足、さらに2025年には32万人、2040年には69万人不足することが予測されています。

　しかし、介護福祉士の養成校はどこも定員割れの状況が続いています。そのため、**新卒者はもとより、外国人を含む大半の人材が就職時には"無資格未経験"**というのが実情です。つまり、介護の仕事にまったく素養のない人材を一から育てることが、いまの介護現場の新人教育には求められるのです。

　また、介護労働安定センターの「令和4年度介護労働実態調査」では、介護人材の平均年齢は50.0歳と他業界よりも高年齢であることがわかっています。特徴的なのは、女性が圧倒的に多いこと（全体の77.3%）です。

　人材を育てるにあたっては、こうした**人物像にマッチした教育を考える**必要があります。ところが、多くの施設ではそれができておらず、一人前になる前に離職してしまうという事態も起こっています。

介護人材の人物像

平均年齢
50.0歳

無資格未経験

女性比率
77.3%

参考：介護労働安定センター「令和4年度 介護労働実態調査」

\\ Point 2 // 職人的教育はタブー

　介助技術を"職人技"という人もいます。実際、移動・移乗や体位交換などには"コツ"のようなものがあり、うまい人とそうでない人の技術の差は素人が見てもわかります。

　だからといって、無資格未経験の人材は「技術を極めたい」とは思っていませんから、**職人の世界にありがちな"背中で教える教育"では育ちません**。初歩から応用までの丁寧な指導が不可決です。

　まずは以下のチェックリストで、あなたが"職人的教育"に陥っていないかを確認しましょう。

職人的教育はタブー

□OJT（現場指導）における**指導手順が決まっていない**
□先輩・上司によって**指導内容や指示が違う**
□技術の習得状況を**評価・フィードバックするしくみがない**

\\ Point 3 // 定期面談で新人をフォローする

　新人教育が"職人的"になる原因の一つは人手不足です。ギリギリの人数で運営しているため、新人を手取り足取り指導したくても、その時間がとれないというのが本音だと思います。しかし、あらゆる業界で採用難ですから、今後、余裕をもった人員配置になるという期待はできません。余裕をもって指導できない状況でも効果的な新人教育を行うためには、以下のような点がポイントとなります。

□**トレーナー（指導担当者）を固定**する
□現場で指導できない「接遇」「認知症コミュニケーション」「感染症」などは、**座学で指導**する（動画を活用した学習機会を設けてもOK）
□**「頻度の高い技術（移動・移乗、体位交換等）」**は、初期段階で集中的に指導する
□習得状況の評価とフォローのために**定期面談を行う**

　特に重要なのが定期面談です。現場での指導が不十分でも、面談さえしっかりやっておけば、フォローはできます。面談の方法は「5章-8　新人がやる気になる面談法（➡ p.76）を参考にしてください。

新人がなかなか育たない

施設長
リーダー

5章-2

Advice

順序立てた教育で "最短距離" での成長を促す

\\Point 1// 最短距離で教育するためには "素振り" が必要

教育には順序があります。たとえば、野球やテニスがうまくなるためには、"素振り" を最初にしっかりと身につけるところから教えます。勉強でも算数なら手始めに四則計算を習います。自動車の教習所でも、「学科」「模擬運転」「場内運転」というように順序があり、いきなり路上教習から始めることはありません。にもかかわらず、介護現場では、入社当初からいきなり現場に放り込み、ポイントだけを簡単に教えて、見よう見まねで仕事をさせることが少なくありません。

人手が足りないところに入社した念願の新人ですから "即戦力（というより即マンパワー）" にしたい気持ちはわかりますが、**教育に必要なステップを飛ばすことでかえって成長にブレーキがかかってしまう**ことがあります。たとえば、利用者の顔と名前が一致する前から、いきなり介助の注意点を教えたりしてはいないでしょうか。基礎から応用まで、どの順番で教えるかを意識して指導することが大切です。

基本的な教育ステップは「ココロ」「アタマ」「カラダ」の3つのステップに分かれます。その点は対象が新人であっても、経験者であっても変わりません。介護現場での勤務経験があったとしても、業務の進め方や優先順位は職場によって異なるはずです。相手が誰であるかにかかわらず、ステップを省略せずに教育を進めていきましょう。

3ステップ教育法

ステップ 1	**ココロ**で覚える：働くルール・理念・コンセプト
	[指導項目（例）] □法人概要　□理念　□ビジョン　□職員行動基準　□組織図　□法人年間目標 □施設年間目標　□働くルール（休みの取り方、欠勤時の連絡手段、シフトの見方等） □施設コンセプト
ステップ 2	**アタマ**で覚える：座学または動画による研修
	[指導項目例（例）] □接遇・コミュニケーション　□認知症　□感染症　□身体拘束・虐待防止 □報告・連絡・相談　□リスク管理（安全な介助と緊急対応）　□介助の基本知識
ステップ 3	**カラダ**で覚える：現場でのトレーナーによる指導（OJT）
	[指導項目例（例）] □送迎業務　□介助業務　□記録業務

\\ Point 2 // 3ステップ教育法で順序立てた学習を促す

　新人教育の最初は「ココロ」で覚えるステップです。新人教育においては、**現場に立ってもらう前に、法人、施設が何を目指しているかを知ってもらうべき**です。同じデイサービスでも、軽度者向けに短時間で機能訓練を行う施設と、重度者向けに入浴や認知症緩和ケアを行う施設では、サービスを提供するうえでの優先順位がまったく違います。まずはどういうところを意識しながら現場で業務にあたるべきかをしっかりと理解してもらいましょう。

　次は「アタマ」で覚えるステップです。**座学研修を行い、"技術"を"知識"として習得してもらいます。**たとえば、車いすを押す際、下り坂では背中から進むのがセオリーですが、施設内はバリアフリーであることが多く、現場で指導しようにもその機会がありません。こうした知識を座学研修やその動画で身につけてもらいます。

　最後の「カラダ」で覚えるステップは、いわゆる**OJT（On the Job Training）**です。トレーナーと、教える順番を決めて指導していきます。準備してほしい教育ツールは、次のようになります。

新人教育で用いるツール

新人ハンドブック	指導がどのような手順で行われるのかを説明する資料
理念ブック	ステップ1で使う資料
座学研修テキスト	ステップ2で使う資料
動画講座	ステップ1、2の研修を撮影して、直接指導できないときに活用する
新人指導チェックリスト	いつまでに、どのような知識、技術、手順を覚えるべきかをリスト化した評価表（➡ p.67）
技術・業務マニュアル	現場で伝えきれない技術、業務手順を解説した補助ツール
動画マニュアル	現場業務を撮影し、解説を付けた補助ツール
面談フォーム	定期面談時の指導内容を記録するためのフォーム

施設長
リーダー

トレーナーの決め方が
わからない

Advice

技術や経験が乏しい職員をあえて
トレーナーに任命する

\\ Point 1 // "トレーナー任せ"では指導はうまくいかない

　新人を早期育成するためには、**トレーナーの存在**がとても重要です。にもかかわらず、「新人は部署全体で育てています」「気づいた人が指導するようにしています」という言い分で、トレーナーを決めずに指導をする施設が少なくありません。こうした指導方法は"職人的教育"そのものですから、いますぐやめたほうがよいでしょう。

　また、リーダーやベテラン職員をトレーナーに任命している施設もありますが、これもオススメできません。「技術力の高い職員が指導すべき」と考えることは間違ってはいませんが、彼らは部署内でも忙しい人たちです。新人に寄り添って指導する余裕はないでしょう。また、新人にとっても、いろいろと質問したいことがあるにもかかわらず、トレーナーが忙しいと声をかけるのをためらってしまいます。こうした事情から**リーダーやベテラン職員もトレーナーとしてはふさわしくありません。**

　さらにいうと、新人にトレーナーをつけるだけでなく、トレーナーの役割を明確にすることも重要です。"トレーナー任せ"で指導方法や内容がルール化されていないと、人によって教え方が違ったり、中途半端になってしまうこともあります。それでは新人教育はうまくいきません。

\\ Point 2 // トレーナーの役割を理解する

新人指導にかかわる「上司」「トレーナー」「部署内職員」の役割は、表のとおりです。

新人指導における役割分担

指導責任者 （主に上司）	上司として新人の成長に責任をもち、新人育成に課題がある場合には解決を図る。
指導管理者 （トレーナー）	定期面談を実施しながら、指導の進捗状況を把握し、現場で中心となって指導する。シフトが合わない場合には、部署内職員に代理を依頼する。
指導補助 （主に部署内職員）	トレーナーが直接指導できない場合に、トレーナーの依頼のもと、指導を行う。

表のように、新人指導を中心となって行うのは「トレーナー」となります。しかし、トレーナーは指導に慣れていない場合もありますから、課題があれば上司が責任をもって解決を図ります。

また、シフト制の現場では、トレーナーが常に新人と同じシフトになるとも限りません。部署内の職員がそれを補助することになります。

\\ Point 3 // トレーナーにふさわしい人物像を理解する

トレーナーは、技術の確かな人に任せたいところですが、Point 1 でも書いたように、要職に就いている人は避けるべきです。となると、技術・経験がまだ不十分な職員に任命せざるを得ないという場合もあります。不安に感じる人がいることはよくわかりますが、"教えることで理解が深まる"というメリットもあります。**トレーナーも一緒に育成するという気持ちで任命**しましょう。

ただ、なかにはトレーナーにふさわしくない職員もいます。以下の選定基準を参考にしてください。

□勤務態度がよい（遅刻しない、研修や会議にしっかり出席する、ホウレンソウができる など）
□コミュニケーション能力が高い（説明したり、質問を受けたりすることに支障がない）
□最低限の知識、技術を身につけている
□人間関係が良好（指導する際に、まわりの同僚、先輩にフォローしてもらえる関係がある）
□法人・組織・上司に批判的ではない（新人にネガティブな印象を与えるリスクが小さい人物）

ほかにも「説明上手」「面倒見がよい」などありますが、あまりハードルを高くしすぎると、該当者がいなくなってしまうので、少々あまい基準で職員を選んでしくみでカバーしましょう。

5章-4 施設長 リーダー

先輩によって教え方が違う

Advice

業務手順を標準化し、チェックリストを作成して指導する

\\Point 1// 「新人指導チェックリスト」を作成する

業務の標準化ができていない施設では、新人から**「先輩によって教え方が違う」という悩み**が多く聞かれます。なかには、ある先輩から指導された方法でやったら、別の先輩から注意されたなどという施設もあるようです。

そこで、右記の手順で「新人指導チェックリスト」を作成してみましょう。**新人指導経験のある職員数人で、一緒に作成する**ことをオススメします。うまくすれば2時間ほどでできるはずです。

「習得期限」を決めるときのポイントは、**無資格未経験の新人に合わせる**ことです。経験の有無や、常勤か非常勤かなどによって習得時期は変わってくるため、すべての新人を同じスケジュールで指導することは現実的ではありません。しかし、「標準」を決めておけば、相手によって微調整するだけで済みます。

「新人指導チェックリスト」作成の手順

ステップ1
新人指導のゴール（何ができるまで指導するか、指導の卒業時期はいつか）を決める

ステップ2
指導項目をすべて網羅し、リスト化する

ステップ3
それぞれの「習得期限」（いつまでにできるようになってほしいか）を決める

ステップ4
習得期限順に並べてリスト化する

\\Point 2// 「新人指導チェックリスト」をもとに指導する

「新人指導チェックリスト」が完成したら、それをもとに新人を指導していきます。ですが、このリストを常に持ち歩き、一つひとつ指導していく必要はありません。この**リストを使うのは、「面談」のときだけ**です。面談時にリストを一緒に見ながら、「これはできるね」「これはもう少し頑張ろうか」というようにチェックをし、○がつかなかった項目について、再指導日を設定します。

このときのポイントは、**評価は「できる」「ややできる」のように多段階にせず、○か×かのシンプルな評価にする**ことです。このリストにあるものは○がつくまで指導し続けなくてはなりませんから、多段階にする必要はないのです。

またリストにある項目で、スキル不足でトレーナーが指導できないもの（または相談員や看護職、リハビリ専門職などの専門職が指導すべきもの）については、トレーナーから他職員に指導を依頼します。

チェックリストは面談で活用する

新人指導チェックリスト活用のポイント

□「定期面談」を設定する（できれば1か月に1度以上）
□面談日までに習得すべき項目を、面談の場で一つひとつ評価する
　※3か月経過後の定期面談では、3か月目までに習得すべき項目を評価する
　※すでにクリアした項目は、再評価しない（効率化のため）
□○がつかなかった項目について、その理由を説明して「再指導日」を決める
□標準期間より習得が早い（または遅い）場合には、期間を再調整する

\\Point 3// 業務手順の標準化を図る

さて、冒頭の「先輩によって教え方が違う」「標準化されていない」という課題ですが、ここで完成した「新人チェックリスト」が役に立ちます。新人指導チェックリストの作成に取り組んだメンバーを集めて、リストを一つひとつ確認しながら、**業務手順に違いがありそうな項目について、手順統一のための検討**をしていくのです。

あらためて日常の業務を振り返ると、標準化されていない業務が多いことに気づくはずです。それらをすべて同時に標準化しようとしても、議論がなかなか進まなかったり、慣れない方法に変えることで業務そのものが円滑に進まなくなることもあります。優先順位をつけて議論するようにしましょう。

施設長 **リーダー**

使いやすいマニュアルを つくりたい

5章-5

Advice 誰のためのマニュアルかを意識し、 フォームをもとに作成する

\\ Point 1 // マニュアル化すべき項目を理解する

　あなたの施設のマニュアルは、活用されているでしょうか。

　実は、マニュアルはあるものの、書棚の奥にしまいこみ、長らく使われていないという施設も少なくありません。その主な理由は以下のとおりです。

マニュアルが使われない理由

①市販の専門書（または他社 のマニュアル）をコピーし て使っている

②つくってから一度も修正 していない

③文字ばかりで難解

➡ 自社に合っていない

➡ "今の方法" に合っていない

➡ 新人には難しい

　マニュアルの作成は多くの時間と手間を要する面倒な作業です。そのため、①や②のような対応をとる施設も多いのですが、そうした現場ほどマニュアルは使われていません。

　まず理解してほしいのは、**マニュアルは"新人のためのもの"**であるということです。ベテラン職員が、業務中にいちいちマニュアルを開いて手順を確認することなどないはずです。前述の「3ステップ教育法」（➡ p.63）でいうと、主にステップ2の「座学研修」を行う際に活用すべきものです。

　ですから、専門書を参考に作成してしまうと、新人には専門用語が理解できません。また、新人があまり行うことのない業務をマニュアル化しても、あまり意味がないのです。

　そのようなことから、マニュアル化に適しているのは、文章よりも写真や図で示したほうがわかりやすい「身だしなみ」や、口頭説明では覚えきれない入浴機器などの「機械操作」、大きなリスクを伴う「食事」や「服薬」などの項目です。「新人指導チェックリスト（➡ p.66）」から、そのような項目をピックアップして、それらから優先的にマニュアルを作成するとよいでしょう。

\\Point 2// マニュアルは短期決戦で作成する

　たまに「マニュアル作成」に何年もかけて取り組む法人をみかけることがありますが、おすすめできません。業務手順は変化していきますし、何より作成に時間をかけていては、担当者の負担も大きく、モチベーションも持続しません。**できるだけ短期集中**で作成してしまいましょう。

　また、**マニュアル化には「標準化（業務手順の統一）」という目的もあります**から、複数名の職員で作成するのが理想です。そのときの手順は右記のようになります。

　このときの重要なポイントは、業務手順についてゼロから皆で話し合うのではなく、**担当者を決めてそれぞれが「素案（たたき台）」をつくり、その後に話し合う**ことです。それらを持ち寄って議論すれば、効率的にマニュアル化を進めることができます。

　素案作成には、次ページのようなフォームを活用しましょう。ここまでは、手書きでも構いません。

マニュアル作成の手順

ステップ1
マニュアル化する項目を「新人指導チェックリスト」（p.66）から抽出する

ステップ2
それぞれの項目の担当者を決める

ステップ3
担当者は「素案（たたき台）」を作成する

ステップ4
「素案」をもとに議論し、加筆・修正して「原案」を作成する

ステップ5
「原案」に写真などをつけ、編集して完成させる

マニュアル作成のフォーム

テーマ	帰りの乗降介助	担当者	○○○○
目的	安全に快適に乗降していただく		
作業手順	1）車両と時間を「送迎表」で確認する。 2）運転担当が車の準備ができたことを告げたら、乗車する利用者に声かけする。 　「○○さん、○○さん、車の準備ができました」 3）奥に乗る人から車に誘導する。 　「では○○さんから行きましょう！　○○さん、私が戻ってくるまで待っていてくださいね」 4）乗り込む場所を声かけする。 　「こちらの席に詰めてかけていただけますか」 5）シートベルトの着用を声かけする（できる人にはやってもらう）。 　「こちらのシートベルトをお願いできますか（声かけしながら留め具を指差す）」		
写真箇所	□車のドアの頭の部分に手を当てて注意を促しているシーン 　（吹き出し：頭のところに気をつけてください） □雨天時の乗降シーン 　（傘を使用するか、雨合羽を着用するかを示す）		
注意点	□シートベルトは引っ張って確認する □車に誘導する際、あとに残る人の見守りをフロアスタッフに声かけする □車から離れる際にはキーを抜く		

　ここまでたたき台を作成して集まれば、1テーマあたり15分もあれば「原案」は完成します。ただし、それぞれの業務手順が大きく異なる場合には、標準化のためにも時間をかけて話し合いましょう。

　それができたら、次は写真撮影の担当者を決め、パソコンで作成・編集すれば完成です。

フォーム作成のポイント

◎テーマ

　「新人指導チェックリスト」（➡ p.66）にも通ずるところですが、大きいテーマを設定してしまうと、手順が複雑になります。上記のフォームを例にすると、「送迎」とするよりも、「乗降介助」「リフト車の操作」「運転」「運転中の体調不良発生時の対応」のように、細かくテーマを設定したほうがマニュアル化をしやすくなります。

◎写真箇所

　マニュアルは、写真が多いほど見やすくなります。写真には吹き出しやキャプションなどの「説明」を加えるとよいでしょう。

◎注意点

　危険箇所や新人が間違えやすいポイントを箇条書きで記載するとよいでしょう。

\\Point 3// "ただの手順書" にならないように注意する

　長く活用されるマニュアルを作成するためには、以下のリストにあるようなポイントを押さえるとよいでしょう。特に**「写真」**や**「表」**は大事です。効果的に活用しましょう。

> □「写真」「表」を多めにする
> □業務の「目的」を明確にする
> □「手順」を具体的に示す
> □声かけは「セリフ例」を具体的に示す
> □難しい専門用語は避ける
> 　※無資格・未経験でも理解できるようにする
> 　※専門用語を使う場合には、解説を入れる
> □「注意点（よくある失敗)」を掲載する
> □記録や準備、清掃は適正時間を入れる

　「目的」はすべてのテーマに必要ではありませんが、たとえば、食事介助をそのままマニュアル化すると、"食べさせる"ための手順書になりかねません。しかし、そこに「季節を感じながら安全においしく召し上がっていただく」という「目的」を設定すれば、「季節を感じていただくために『今日はかぼちゃのご飯ですよ。秋らしくていいですね』のように声かけを工夫する」などの項目を入れられるかもしれません。

　また、連絡帳の作成や記録、準備（入所や入浴など）、清掃などの業務については、**どれくらいの時間で、どれくらいの水準でやるべきか**を決めておくとよいでしょう。たとえば連絡帳などは、丁寧にやればいくらでも時間をかけることができますが、それによって利用者の満足度が大きく左右されることはありませんし、加算の対象になるわけでもありません。そのため「1人分を5分以内」のように適正時間を設定するのがよいでしょう。

施設長　リーダー

効果的なマニュアル活用法を知りたい

Advice　新人が見たいときに見られる閲覧方法を用意する

\\Point 1// "紙"だけがマニュアルではない

　マニュアル作成にかかる手間を減らしたい。このように考える人も多いのではないでしょうか。そのための方法をいくつか紹介します。

　まずマニュアルというと**紙の資料が一般的ですが、編集が大変**です。そのため、**最近は「動画マニュアル」を活用している施設も増えています**。動画であれば、スマホなどで業務中のシーンを手順の説明をしながら撮影するだけで作成できますからとても簡単です。データにタイトルをつけて共有ファイルで管理するか、You Tube にアップロードしてパスワードをかけておけば、自施設のスタッフだけが閲覧できるようにすることも可能です。

　また、そもそもマニュアルを作成する必要がない、つまり**マニュアルを見なくても必要な業務をこなせるようにする**ことも一つの方法です。たとえば、書棚や倉庫であれば、サインやラベルを工夫することでマニュアルが不要となります。具体的には、棚板の前面部分に「○○オムツMサイズ」のようなラベルを貼ったり、定位置からはみ出ないように棚板の天板部分にテープで境目をつけたりするのです。また、「5箱以下になったら主任に報告」のように「発注点（その数量を下回ったら発注する数量）」をラベルとして貼っておけば、新人でもすぐに判断ができる。

　業務をICTシステムに置き換えることも一つの方法です。たとえば、デイサービスの送迎表作成は大変な業務ですが、ICT（送迎表作成システム）を活用すれば、業務を覚える必要がなくなります。

＼Point 2／ 新人が見たいときに見られるようにする

　よくマニュアルを分厚いファイルに綴じて事務所やステーションに設置し、必要なときに貸し出したり、自由に閲覧できるようにしている施設がありますが、この方法はおすすめしません。持ち出すのが億劫になったり、見る機会が限られてしまうからです。

　マニュアルを活用してもらうために必要なのは、**新人が見たいときに見られるようにする**ことです。**紙のマニュアルであれば印刷して職員一人ひとりに配布すべき**ですし、動画マニュアルであればスマートフォンやタブレット端末などでいつでも見られるようにすべきです。

　また、マニュアルを活用してもらう場面も押さえておきたいところです。それは大きく2つあります。1つ目は、**3ステップ教育法（➡ p.63）のステップ2「アタマで覚える」段階**です。座学研修で直接指導することができるのであれば、紙のマニュアルをテキストとして使用します。座学研修が難しければ、業務中に動画を視聴する時間をつくりましょう。

　2つ目の活用シーンは「**新人指導チェックリスト」を活用した面談時**です（➡ p.67）。面談にはマニュアルを持参してもらい、おぼつかない項目があったら、再指導しましょう。

動画マニュアルをいつでも見られるようにする

＼Point 3／ マニュアルの修正で"ローカルルール"をなくす

　「マニュアルをつくるのが大好き」「ぜひやりたい」という人はいるでしょうか。一人もいないと思います。こんなに面倒な作業はありません。だから皆さんは、修正が必要だとわかっていても、それに蓋をしてしまうのでしょう。結果として放置され、やがて"お蔵入り"してしまうのです。そうならないためにも、**マニュアルの修正は担当者を決めて、施設の年間スケジュールに組み込んで進めるのがよい**です。

　また、マニュアルの修正は**"ローカルルール（部署ごとに違うルール）"を撤廃するよい機会**でもあります。一度作成してから修正するまでの間に、現場の手順が変わることは多々あります。しかし、それを放っておくと、ローカルルールがますます増えていきます。「先輩によって指導内容が違う」という課題も再発するでしょう。マニュアル修正の機会に、再度"標準化"に取り組むことが必要です。そのためには、複数のスタッフが業務手順を再検討すべきですし、ユニット型特養のように同じ業務をする部署が複数ある場合には、それぞれの部署からスタッフを集めて修正作業をすべきです。

新人が離職してしまう

Advice

入社から90日間は新人と接する機会を増やそう！　相談相手をつくることも効果的

\\Point 1// 新人が離職する理由を理解する

　新人が入社後すぐに離職してしまうケースがあります。採用活動をやり直さなくてはなりませんし、ここまで指導した努力が水の泡になります。**先輩職員たちも「どうせまた辞めるんでしょ」と、新人を真剣に指導しなくなってしまいます。**入社後すぐの離職は、なんとしても避けなければなりません。

　私が以前行った「離職理由アンケート」によると、早期離職の理由は、「入社前のイメージと違った」が最も多く、「人間関係がよくない」「教育してもらえない」がこれに続く結果となりました。

　「入社前のイメージと違った」には、入社前に聞いた給与や休みの条件、仕事内容が、実際に入ってみたら違っていたことも含んでいます。この原因は採用プロセスにあり、入職前の施設見学の機会や労働条件の資料の不足等について見直しが必要です。

　次の「人間関係がよくない」の主な原因は、入社後のコミュニケーション不足です。わからないことや悩みを相談する相手がいないことによるものです。

　最後の「教育してもらえない」は、手とり足とり指導してくれないことへの不満ですから、この章をしっかり実践すれば解決するはずです。

\\Point **2**// 90日サポートプランとメンター制度で新人をサポート

早期離職防止の方策として2つのシステムを紹介します。

① 90日サポートプラン

入社直後は誰しも多かれ少なかれストレスを抱えるものです。このストレスが過大になると、"辞める"という選択肢に向かっていってしまいます。それを避けるためには、**会社や仕事に慣れるまでの入社3か月間のストレスケアが必要**です。そこで、おすすめしたいのが「90日サポートプラン」です。

90日サポートプラン

入社当日	□メンター顔合わせ
入社〜1週間	□業務前後のショート面談（業務説明と1日の振り返り）
2週間	□定期面談　□メンター面談（休憩を一緒にとる）
1か月目	□定期面談　□メンター面談（休憩を一緒にとる）
2か月目	□定期面談
3か月目	□定期面談　□フォロー研修　□同期との懇親会

② メンター制度

社内に相談相手をつくることも離職防止に効果的です。実際にはトレーナーが相談相手になることが多いですが、トレーナーとの相性や人間関係が悩みになることもあるでしょう。そこで登場するのが「メンター」です。その役割は、上司やトレーナーに言えない悩みを聞いたり、それに寄り添って助言をすることです。

メンターにふさわしい人材

新人と年齢が近い

前向きで明るい

コミュニケーション力が高い

社内の人脈が広い

\\Point **3**// 検定で習熟度を確かめる

介護業務で身につけるべき知識・技術は、介護技術だけでなく、認知症や疾病、薬剤、自立支援、利用者や家族との相談技術等、実に幅広く奥深いものがあります。

こうした知識やスキルをフル活用する先輩を見て、新人が「私には無理だ」「これ以上できない」と感じて転職を申し出ても不思議はありません。ですから、新人には、そうした"果てしなく遠いゴール"を見せてはいけません。もっと近いところにゴールをおくべきです。そこで、**新人を卒業して"一人前"として免許皆伝する「検定」**をしてはどうでしょうか。たとえばある老健では、入社6か月後に以下のテストを行って、クリアした新人に「卒業証書」を渡しています（落ちても合格までサポート）。

検定の内容

技術テスト	ベッドから離床して車いすに移乗するまでの介助
知識小テスト	□法人理念　□法人行動基準　□認知症知識（穴埋め）
	□感染症知識（穴埋め）　□緊急時対応（選択肢）

75

施設長　リーダー

新人がやる気になる面談法を知りたい

Advice

プラスの評価を積み重ねて、モチベーションを引き出す

\\Point 1// 「小さな成功体験の積み重ね」がやる気の秘訣

　新人に限らず、**部下をやる気にさせるためのポイントは「小さな成功体験の積み重ね」**です。ふだんの仕事ぶりをしっかりと観察し、できていることを把握し、できればそのなかから長所を見つけて面談で伝えましょう。それらは、新人にとっては「成功（成果）」ですから、そうしたよい指摘の積み重ねがやがて自信につながり、やる気につながっていきます。基本的に面談はトレーナーと直属の上司で行うべきですが、面談が苦手だという人もいるかもしれません。**しかし、以下のポイントを押さえれば、"やる気を引き出す面談"を上手にできるようになります。**

> □日時をあらかじめ決めておく
> □「手順書のコピー」「新人指導チェックリスト」（➡ p.66）を事前に準備する
> □アイスブレイクのネタ（話題の材料）を探しておく
> □「マイナス評価（減点法）」ではなく「プラス評価（加点法）」で行う
> □評価するポイント（できること、できないこと）を見つけておく
> □上司、トレーナーと下打ち合わせをしておく

　最近は"褒めて伸ばす"という教育法がもてはやされています。しかし、新人のうちから"褒める"に値する仕事ぶりならよいですが、それほどでもないことを面談で無理やり褒めても、嘘っぽく聞こえ

るだけで逆効果です。それよりも「新人指導チェックリスト」をもとに「これもできたね」「この項目もできているね」と、習得した技術を一つひとつ認めたほうが効果的だと思います。

　また、**日頃から新人のよいところに注目して**「笑顔がいいね」「質問が的確だね」「メモをとるところがいいね」のように、**頻繁に伝えていくことも効果的**です。こうした"小さな成功体験"を、上司と部下の間で共有することは、上司として信頼を得るためにもとても大切です。

\\ Point 2 // 面談の手順を押さえる

　面談は勘と経験に頼って行ってはいけません。効果的に行うためには、**理想的な手順（話す順序）**があります。

　特に大事なのは、**ポジティブなことから伝える**ことです。ネガティブな会話から始めると、それが強烈にインプットされるため、その後にポジティブなことを伝えたとしても、人によっては"叱られた"という印象ばかりを強く抱いてしまいます。

　面談に慣れていない方は、以下の表をコピーして、「アイスブレイク」「仕事ぶりの評価」で何を話すかをあらかじめ決めてから面談に臨みましょう。

面談の手順

手順	ポイント
アイスブレイク	・仕事と関係ない話題で緊張を解く 例）お休みはしっかり休めている？ 　　いつも昼食はどうしているの？ 　　○○出身だったよね。どんなところなの？ ・できればユーモアを交える
仕事ぶりの評価	・今の仕事ぶりで"よいところ"を評価する ※ダメ出しは NG
前回の面談の振り返り	・前回の面談時の評価で○がつかなかった項目の再確認
スキル評価	・「新人チェックリスト」のうち、習得期限を迎えた項目を一つひとつ評価する **評価のポイント** □できたところを具体的に評価する 　例）「バイタルチェックは、効率的に、間違いなくできていていいね」 □できなかったところは、実際の場面をもとに具体的に改善点を伝える 　例）「昨日の入浴介助のときだけど、脱衣のときに〜」 □評価期間中に指導できなかったことは謝る 　例）「ここはまだ教えていなかったね。ごめんね」
再指導日の調整	・クリアできなかった項目の「指導日時」「場所」「指導者（自分で指導できない場合は代理の職員に依頼する）」を決める
質問タイム	・わからないこと、悩んでいることをざっくばらんに話してもらう
感謝	・必ず最後は「ありがとう」で終わる

\\Point 3// 面談テクニックで信頼関係を構築する

　面談をする際に相手と「ラポールの関係（通じ合う関係）」を築くテクニックは、知っておくとよいでしょう。新人面談だけでなく、利用者との会話や、生活相談員やケアマネジャーになったときにも役立ちます。クライアントとの信頼関係がとても重要な私達コンサルタントもよく使うテクニックです。

　まず重要なのは**"否定しない"**ことです。もし相手の意見が間違っていたとしても、一度は「○○という考えなんですね」のように受け止めてから「ほかにも○○という考え方もありますよ」のように、自分の意見を伝えるとよいでしょう。その他の基本テクニックは、以下の4つです。これらを身につけると、新人をさらにやる気にさせることができるかもしれません。

・座る位置

　対面で座ると、どうしても相手と物理的な距離ができるため、**直角か斜め横に座って相手との距離を詰めます**。この位置だと、正面よりも緊張感（プレッシャー）を感じづらくなります。

・ミラーリング

　鏡のように相手の動作をまねると、相手が親近感をもつようになります。売れている営業マンがよく使うテクニックです。相手がお茶を飲んだら、自分も飲む。腕を組んだら、自分も組むという具合です。慣れたら自然にできるようになります。また、相手と同じスピードで話すのも効果的です。

・オウム返し

　相手の言ったことを、そのまま繰り返すと、相手は「自分の話をよく聴いてくれている」と感じます。たとえば「○○がうまくいかないんです」と話したら、「○○がうまくいかないんだね」とオウム返しするのです。相手の話が長いときは、それを要約して「つまり～ということだね」と繰り返すとよいでしょう。

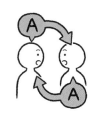

・相づち・うなずき

　相手にテンポよく話させるのに、相づちは大切です。「そうなんだ」「なるほど」などと合いの手を入れたり、聞こえるか聞こえないか微妙な感じで「うん」「うんうん」と言うのも効果的です。

　最近は人手不足のため、「新人を丁寧に指導する暇がない」という悩みをよく聴きます。そんな忙しい現場においても面談は効果的です。特にしっかりやっていただきたいのは「**再始動日の調整**」です。

　「この業務はまだ教えていないから、できないのは当然だよね。じゃあ、次の火曜日はシフトが同じだから、この日の午後に練習してみようか」のように、自分と新人が一緒にいられるタイミング（日時）を見つけて、指導の不足を取り戻しましょう。

\\Point 4// 面談テクニックはあらゆる場面で活用できる

　本書でも示しているように、施設長やリーダーが身につけるべき技術は多岐にわたります。そのなかで、"これだけは押さえてほしい"といえる技術こそが実は「面談テクニック」です。なぜなら、本章でも示している「新人教育」はもちろん、第2章で扱った「職員との信頼関係の構築」や、第6章の「外国人介護士の教育」においても欠かすことができない技術だからです。

　また、細かなテクニックに違いはありますが、会議で決めたことを現場に浸透させたり（第3章）、上司や法人本部とコミュニケーションをとったり（第4章）する場面でも、面談テクニックは活用できます。さらに、Point 3で取り上げた信頼関係を構築するための面談テクニックは、利用者や家族と面談するときにも役立つでしょう。

　このように面談テクニックは、活用の幅がとても広く、これによって施設全体が生まれ変わった事例もあります。ぜひ身につけてほしいと思います。

　[事例]　**面談を通じて職員との溝が解消。離職率が60%から0%に**

　ある入所施設では、稼働率の低下により大きな赤字を抱えることになりました。さまざまな手を打ちましたが改善は見込めず、一部の高齢職員のリストラに踏み切りました。しかし、それがきっかけで現場職員の経営幹部への不信感が増大し、リストラ後の半年で約4割の職員が離職。施設長はその責任をとって退職しました。

　新施設長に代わってからも幹部への不信感は続き、入所者への最低限のサービス提供はできているものの、一部の職員は会議の出席すら拒否するような状況でした。離職の連鎖も止まらず、1年の間に全体の60%の職員が離職しました。

　そこで、アドバイザーとして招聘された私は、次の手順を示してその実行をサポートしました。

　1）施設長・事務長による全職員との個別面談
　2）課題の抽出
　3）方針と事業目標、およびアクションプランの具体化
　4）経営方針書の作成
　5）経営方針発表会の実施
　6）施設長・事務長による全職員との2回目の個別面談
　7）定例会議の実施

最も力を入れたのは1）、6）の「個別面談」です。Point 2で示した"面談の手順"をこの状況に合わせてつくり、Point 3で示した内容を繰り返し伝えてロールプレイし、面談に臨んでもらいました。この面談で職員からは「話を聞いてもらえて不安がなくなった」「施設長が自分たちのことを考えてくれていることがわかった」という声が上がり、幹部と現場との溝も徐々にうまっていきました。そして、それをきっかけに運営も正常化し、稼働率も向上。その後の1年間の離職はゼロとなりました。

施設長 リーダー

気配りが足りない新人の教育法を知りたい

5章-9

Advice 気づいたその場で指導することで気配りを身につけてもらう

\\Point 1// 気配りができないのは "先が想像できない" から

　マニュアルではカバーできない指導テーマに「気配り」や「段取り」があります。たとえば、真夏に施設見学に来たお客さんのためにお茶出しを頼んだら熱々のお茶が出された、あるいは、会議資料のコピーを参加人数分頼んだら、事務所のデスクの上にホッチキス留めすらせずに置かれていたといった経験が皆さんもあるのではないでしょうか。ほかにも、フロアで困った顔で職員を探している利用者にいつまでも気づかない "目配り" ができない新人もいます。

　しかし気配り等は、できる人は指導を受けなくてもできるため、できない人の気持ちが理解できず、指導方法がイメージできないかもしれません。

　気配り下手の原因の多くは「想像力の欠如」によるものです。想像力を養うために「気配りが足りない」と感じる場面があったら、図の3つのポイントを伝えましょう。その際、大事なのは "その場" で伝えることです。その人が、次に同じ場面に出会ったときに想像力がはたらきやすくなるからです。

　また、最初のうちは**できるだけ細かく指示します**。たとえば、会議資料であれば、「人数を確認してコピーして、ホッチキス留めして、会議室に持って行って、席に配っておいてほしい」といった具合です。そして作業に慣れてきたであろう4回目の指示で、「会議資料のコピーをしてほしい」と大雑把な指示をしてみます。そこで最初に指示していたとおりに配布までできれば、この項目はクリアです。

気配りが足りない場面に出会ったときの対応

①「できていなかったこと」を伝える

②「できていないことによって起こる未来（どんな支障があるか）」を伝える

③「どうすればよかったか」を伝える

\\Point 2// ミスを繰り返すときは指導方法を変える

　皆さんの職場には、何度教えても覚えてもらえず、同じミスを繰り返したり、同じ質問を2度、3度と繰り返したりする新人はいないでしょうか。「この前、教えたばっかりだよね」「1回で覚えてくれないかな」と叱りたいところですが、最近の新人は叱られ慣れていないので、言い方を間違えるとやる気をなくしたり、退職につながったりすることもあります。

　しかし、そんな新人でも採用したからには何とかしなくてはいけません。以下の方法を、順番に試してみてください。

□「重点指導項目」を1つに絞る（1つできたら次に移る）
□ポケットサイズのメモを持ち歩かせる（メモを習慣化させる）
□同じ場所で反復練習させる
□その業務から外す（どうしてもできない場合には、やらせないのも1つの手）

\\Point 3// 「指示待ち」に対しては「業務メニュー」を与える

　最近の若い人材の特徴に、指示された仕事はきっちりこなすけれど、自分で仕事を探すのが不得意ということがあります。介護の仕事はチームワークで成り立っていますから、まわりが忙しそうにしていても、自分の仕事が終わったら動かなくなる"指示待ち"の職員がいると、円滑な運営ができなくなります。

　こういう新人には、**空いた時間にすべき「業務メニュー」を与える**とよいでしょう。たとえば「手が空いたときは、機能訓練をしていない利用者への声かけ、食器洗い、収納棚の整理整頓などをお願い」といった具合に、いくつか選択肢を示すのです。

　また、若い人材には"人の役に立ちたい"という気持ちが強いという特徴があるともいわれています。そこで、「先輩の○○さんに、業務が集中しがちだから、自分の仕事が一段落したら『何かやれることはありますか』と聞いて○○さんを助けてほしい」「○○さんは、ベテランだから、一緒に仕事をすればいろいろなことが身につくよ」など、**空き時間ができた場合に、特定の職員の指示を受けるようにする**のも効果的です。

☐ "今どきの新人"に対応した教育プログラムに移行しよう！

☐ 忙しい職場でも「定期面談」だけはやりぬこう！

☐ 新人には「ココロ」「アタマ」「カラダ」の３ステップで指導しよう！

☐ トレーナーの役割と、新人との接し方を明確にしよう！

☐ 「新人チェックリスト」を作成して、新人の教育手順と業務手順の標準化を図ろう！

☐ マニュアルは短期決戦で、「写真」をうまく活用して作成しよう！

☐ 「動画マニュアル」にチャレンジしよう！

☐ 入社直後の離職を防ぐために、特に入社から９０日の間は接する機会を増やそう！

☐ 新人にやる気になってもらうために、面談ではポジティブなことから伝えよう！

☐ 気配りができない新人の場合は、指導方法を変えてみよう！

外国人介護士に
かかわる悩み

外国人介護士を受け入れたいけれど、不安がある。あるいは、外国人介護士を受け入れたものの、どのように教育すればよいかわからない。こうした悩みや不安を抱える役職者も少なくありません。

鍵を握るのは、**外国人介護士をフォローする体制**です。本章では、受け入れ〜実際に働く場面に至るまで、さまざまな悩みを取り上げ、ポイントを整理します。

利用者が受け入れてくれるかが不安

Advice 受け入れ前・直後の手厚いフォロー体制を整え、心の準備をしてもらおう！

\\ Point 1 // 外国人材の受け入れも厳しい状況にある

　今後も採用難による人手不足は続きます。今以上に厳しくなるかもしれません。実際に、人手が足りなくて「定員を下げざるを得ない」という話は、入所、通所に限らずよく聞きます。特に首都圏の中心部では、採用は異業種との戦いになりますし、人口減少が進むローカルエリアでは、そもそも働き手がいないため、採用方法の工夫だけでは限界があります。そのために最近では、留学生や技能実習生、特定技能人材などの外国人介護士を受け入れる法人が増えています。

　しかし、その**外国人材の受け入れについても、近年は厳しい状況**になってきています。私は外国人介護士を介護施設に紹介する事業も経営していますが、ここ数年、日本の人気はガタ落ちしていることを実感しています。ですから、将来的に外国人材を受け入れたいと考えている法人は、一刻も早く動いて受け入れを始めるべきです。そうしなければ、数年後に先輩外国人がおらず、外国人介護士の受け入れや勤務に不慣れな法人は見向きもされなくなる可能性が高いです。

　一方で、「利用者が受け入れてくれるだろうか」と外国人材の受け入れに不安を覚える気持ちもわかります。ただ実際に受け入れた法人に話を聞くと、その心配は取り越し苦労に終わることがほとんどです。わざわざ海を渡って日本に働きに来る外国人介護士は、勤務意欲が高くて明るい人が多いからです。

　ですが、**利用者に受け入れてもらうための工夫は必要**です。それを中心となって行うのは、施設長の役割です。

\\ Point 2 // 動画やパ〔……〕親しみやすさを演出

すでに日本で勤務経験がある〔……〕多くは、日本語能力もまだ不十分で、
日本人のお年寄りとの会話の経〔……〕合には、受け入れ前に以下のように、
利用者に"心の準備"をしてもら〔……〕

□施設の壁面に「出身国情報〔……〕
□「自己紹介動画」を利用者〔……〕〔……〕地、食べ物など）」を掲示する
□写真付き自己紹介文を配布で〔……〕

こうした取り組みを行うと、外〔……〕"期待"が大きくなるので、歓迎ムー
ドになります。

\\ Point 3 // 家族・利〔……〕解を促す

外国人介護士を受け入れた後の〔……〕、文化もわからない外国人介護士に対
して、戸惑ったり、ときには憤り〔……〕ます。そのため、外国人介護士を受け
入れた段階で下図の３つの取り組〔……〕と思います。

利用者のなかには、認知症などの影響でこうした説明を十分に理解できない人もいますから、最初の
うちはトラブルをゼロにすることは難しいかもしれません。しかし、働いているうちに、**外国人介護士
の日本語力やスキルは向上していきますし、顔を合わせるなかで利用者も彼らに慣れていきます**。ま
た、外国人介護士が増えていけば、こうしたトラブルは減っていきます。

外国人介護士の受け入れのための３つの取り組み

①家族向け説明レター	②自己紹介	③協力依頼
□外国人介護士受け入れの背景	□職種　□名前	□ゆっくり簡単な言葉で話す
□外国人介護士紹介	□ニックネーム	□できないことを伝える
□当面ご迷惑をかけることのお詫び	※外国人の名前を呼ぶのは難しいため	※自己紹介時に利用者にお願いする
	□出身国　□得意なこと	と効果的

私の名前は…

Advice

**説明会で外国人材受け入れの不安を解消！
２人の担当者で手厚く指導する**

\\ Point 1 // 説明会で外国人材受け入れの見通しを伝える

　外国人材に１日も早く日本語に慣れてもらい、長く活躍してもらうためには、職員も彼らを**"仲間"**
と認め、日本人と同じ水準で仕事ができるように彼らを育成することが不可欠です。しかし、外国人材
の受け入れには、よいことも多々ありますが、一時的にクレームが増えたり、教育に（日本人の新人以
上に）手間がかかったりするなど、ストレスも増えます。

　そこで、外国人介護士の赴任前に「**外国人材受け入れ説明会**」を実施し、施設長から次のようなこと
を説明しましょう。

1）外国人介護士受け入れの狙い（なぜ必要か）
2）外国人介護士受け入れの今後（どのくらい増やすのか）
3）渡航してくる外国人介護士の紹介
4）外国人介護士の出身国紹介
5）指導担当者発表（仕事面担当・生活面担当）
6）職員に協力してほしいこと
　　・積極的に話しかける　・わからないことを教える　・利用者との橋渡し役になる
7）質疑応答

　特に、はじめて外国人材を受け入れる施設は、彼らが定着して活躍することはもちろんですが、**将来的にそうした人材を増やしていく土壌がつくれるか**が問われます。職員らに受け入れられるように、ポジティブな説明を心がけましょう。

\\ Point 2 // 担当者を 2 名決めて指導手当を支給する

　外国人介護士の場合も、日本人の新人同様に指導担当者をつけましょう。日本人の新人を指導する場合に「トレーナー」（➡ p.64）と「メンター」（➡ p.75）がいたように、外国人介護士の場合にも、2つの役割を持つ担当者、具体的には、「トレーナー」と「生活指導担当者」の任命が必要です。

外国人介護士の指導担当者

トレーナー

介護の知識、技術を指導する

生活指導担当者

生活面をサポートする

　トレーナーは、日本人の相手をするときとは異なり、指導方法をかなり工夫する必要があります。**業務手順だけでなく、日本語や日本人の生活習慣に合わせたサポートを教える**ことも必要でしょう。

　また、生活指導担当者は、来日当初は、外国人介護士たちが住むマンションを訪問したり、朝、一緒に通勤したりするほか、スーパーなどに行って買い物をサポートすることも必要です。加えて、近くに同国出身の人がいないような地域に住んでいるのであれば、外食に連れ出したり、休日の過ごし方を教えたりすることも必要かもしれません。

　このように、いずれの担当者にもかなりの負担を強いることになります。そこで、私がおすすめしているのが「**指導手当**」の支給です。ある施設では月 5,000 円の手当を、外国人が入社してから 6 か月間に限定して支給しています。ぜひ検討してください。

施設長 リーダー

効果的な教育法を知りたい①
──コミュニケーション

6章-3

Advice

あいまいな言葉はとにかく避ける。
指導後に発信の場を設けて理解度を向上

\\Point 1// 指導はわかりやすく、簡潔に

外国人材に指導する際には、伝え方を工夫する必要があります。

工夫①　簡単な言葉を使う

技能実習生であれば、入国時の日本語レベルは小学校低学年と同レベルの日本語検定4級です。理解力は小学生よりもはるかに高いですが、あえて小学生にも伝わるような簡単な言葉を使いましょう。

意外に難しいのが **"数字"** です。たとえば「4」は、「よん」や「し」のように読み方が変わり、本数を数える際には、1本（ぽん）、2本（ほん）と言い方が変わります。こうした違いは、彼らにとって非常に難解です。**指で数を示しながら伝えるなどの工夫をする**とよいでしょう。

工夫②　あいまいな言葉を避ける

「しっかり」「ちゃんと」「適度に」といった言葉は、**外国人にはよく理解できません。**また「思いやりをもって」「やさしく」「丁寧に」というのも、それがどのような行動を意味するのかが不明確です。指導する際には、**「頻度（回数）」や「水準」をできるだけ明確**にしましょう。

工夫③　「セリフ」と「動作」を決める

たとえば挨拶を指導する際には、「午前10時までは『○○さん、おはようございます』」と、正面に立

ち、少し膝を落として目の高さを合わせて、笑顔で元気に挨拶をしましょう」と、**セリフと動作を決め、実際にやって見せながら指導する**と伝わりやすくなります。

工夫④　指導後には復唱や発信をしてもらう

　指導後にはそれを理解したかどうかを確かめるために、復唱してもらいましょう。そのうえで、後日に**朝礼などで学んだことを発信してもらう場を設ける**と、理解度を確かめられるため効果的です。その際は、何を、どのような順番で話してもらうかを丁寧に指導しましょう。

\\ Point 2 // 注意するときは「行動」に焦点を当てる

　外国人材は日本で暮らしたことがありませんから、気づかないうちに利用者にとって不快なことをしてしまうこともあります。悪気なくやっていることですから、注意するときにも配慮が必要です。

工夫①　"行動"を注意する

　業務の不手際を注意する際は、「ほかのスタッフはできるのに、どうしてできないんだ」といった言葉づかいは避けなければいけません。「日本人にはできるのに、どうしてあなたたち（外国人）はできないんだ」と受け止められる可能性があるからです。**業務の誤りを指摘する際には"個別に""行動そのもの"を注意する**ようにしましょう。

工夫②　「グッド」と「ノーグッド」をはっきりさせる

　やるべきことと、やってはいけないことの境界を、あいまいにすべきではありません。自分で判断ができるようになるまでは、**「グッド」と「ノーグッド（NG）」をはっきりと示す**ようにします。

　外国人材の出身国などによっては「グッド」よりも「ノーグッド」を伝えるほうが、しっかりと伝わることもあります。そのため、法人によっては「NGリスト」を作成し、指導に活用しているところもあります。

「グッド」と「ノーグッド」を明示する

工夫③　適切な"音量"を指導する

　外国人介護士が入社した際、**スタッフや利用者が特にストレスを感じるのは"声の大きさ"**です。

　適切な声の大きさについては、入社時に指導しておくとよいでしょう。挨拶するとき、近くにいるスタッフに声をかけるとき、耳の不自由な利用者に声をかけるときなどにどの程度の音量が適切かを実際に見せ、練習してもらいます。

施設長　リーダー

効果的な教育法を知りたい②
——仕事のスタンス編

Advice

"国民性" の違いを理解しつつも、守るべきルールは徹底する

\\ Point 1 // 時間に対する意識は "国民性"

　「外国人は時間にルーズだ」という声をよく耳にします。実際に「時間を守る」という意識が低い人材がいることは否めません。しかし、**時間に対する意識が低いのは "国民性" であって、彼らの能力や仕事へのモチベーションが低いということではありません。**

　そこで、時間の大切さを伝えるために、現場配属前に以下のことをあらかじめ伝えておきましょう。

　「職場まで○分だから、○時○分には家を出て……」などと具体的な時間を細かく指導するのも一つの方法です。

時間について伝えるべきこと

時間厳守	日本人は「約束した時間」を守ることをとても大事にしています。日本では、時間を守れない人は「仕事ができない人」と評価されます。
業務開始時間	会社に到着する時間ではありません。「仕事を始める時間」です。それまでにユニフォームに着替えて、フロアにいなくてはいけません。そのために「業務開始時間」の 10 分前には、会社に到着しましょう。 ※ただし、労働基準法では、着替えの時間は労働時間に含まれるという判例がありますから、固定残業給を支給して残業時間にあてるなどの対策は必要です

\\ Point 2 // コミュニケーションマナーも国によってさまざま

　ある施設では、「外国人介護士が笑わない」と利用者からクレームがありました。これも文化の違いかもしれません。日本人は、会話をするときにできるだけ笑顔で話そうとしますが、国によっては会話中に笑顔になる頻度が日本人より少ないところもあります。

　また、**日本人と外国人とでは、会話するときの距離も違います。**日本人よりも「パーソナルスペース（相手とストレスを感じない距離）」が広い場合と、狭い場合があるのです。そのため、次のようなことを指導しておきましょう。

コミュニケーションについて伝えるべきこと

笑顔	介護の仕事で最も大事なことは、笑顔でいることです。誰かに挨拶するときや話しているときだけでなく、ふだんから笑顔でいることを心がけましょう。忙しいときも、嫌な顔や怒った顔はいけません。ただし、相手から指導を受けているときや、注意を受けているとき、悩みを聞いているときは、笑顔ではいけません。
距離	耳の遠い利用者や認知症の利用者と会話をするときは、正面から顔を近づけて話しましょう。スタッフや家族と会話をするときには、立ち話であればこれくらいの距離（実際に距離をとる）で話しましょう。

\\ Point 3 // 「チームワーク」の考え方も国によって異なる

　海外での「チームワーク」は、個々のスタッフの業務分担が明確で、それぞれが与えられた仕事を、責任をもって行うというイメージです。日本のように業務分担があいまいで、一つの仕事を協力し、補完し合いながら行うものではないようです。そのため、次のようなことも伝えておく必要があります。

> 日本では、部署メンバーは「共に助け合う」のが基本です。ほかのメンバーがたくさんの仕事を抱えて困っていたら、たとえ自分の担当する仕事でなくても、手伝わなければいけません。ですから、指示された仕事が終わったら、ほかのメンバーのサポートをしましょう。もし何をしてよいかわからなければ「ほかにできることはないですか？」とメンバーに確認するようにしましょう。

　また、介護はほとんどの業務が自分一人だけで完結する仕事ではないため、**「休憩時間」や「終業時間」についてもしっかりと指導する**ことが必要です。時間になったら勝手に休憩に入ったり、帰ったりするのではなく、周囲のスタッフに、持ち場を離れても支障がないかを確認するように伝えましょう。"暗黙の了解"は、外国人材には通用しません。

海外と日本におけるチームワークの違い

海外	日本
与えられた仕事に個々が責任をもつ	一つの仕事について協力し合う

施設長
リーダー

効果的な教育法を知りたい③
──指導の流れと方法編

Advice

まずは"日本語力"を磨く。
そのうえで、スキルを身につけていく

＼Point 1／ 指導の鍵は"日本語力"

　日本人の新人と同じで、**最初はトレーナーがついて反復練習する**ことが大切です。表を参考にしながら、あなたの施設にあったプログラムを作成しましょう。ただ日本人と違う点もあります。それは**「生活習慣」や「語学力」などにも配慮が必要**ということです。技能実習生の場合、生活習慣は入国後の研修である程度学んでいるはずですので、どれくらい習得しているかを監理団体に確認しましょう。

　また、日本語力を向上するための対策も必要でしょう。特に技能実習生の場合には、入国から１年後にはN3相当になる必要がありますし、入居者と不自由なく話すには、N2レベル以上が理想です。そのために、ある法人では次の２つの取り組みを行っています。

取り組み①　就業前面談

　トレーナーと１対１で、その日の仕事のなかでわからなかった**言葉を確認します**。複数名の外国人介護士が同時入社した場合には、一緒に面談すると、どちらか一方がそのことを理解していれば説明してくれます。翻訳サイトで一緒に調べたり、同時翻訳機を活用したりするのも効果的です。

取り組み②　オンライン日本語会話

　オンラインで受けられる日本語教室があります。会社によっては、相手の言語力に合わせて日本語教育をしてくれます。この法人では、入社から３か月は、就業中に受講できるようにしています。

外国人指導プログラム（例）

時期	集中的に指導（反復練習）する業務	日本語の学習
1週目	□フロア業務（入居者の顔と名前を一致させ、顔なじみの関係をつくる） □食事準備 □水分補給	トレーナーか生活指導担当が休憩を一緒にとる
1か月目	□移乗介助（車いす↔いす） □車いすの操作 □食事介助（服薬は NG）	□終業前面談 □オンライン日本語会話（就業時間中）
2か月目	□移乗介助（ベッド↔車いす） □脱衣・更衣介助（週3回担当する） □トイレ介助	
3か月目	□排泄介助 □一般浴業務（週3回担当する）	
～6か月	□申し送り参加（発言の機会をつくる） □リフト浴業務 □早番業務（離床～着替え～食事）	□オンライン日本語会話（終業時間外／費用を一部補助）
～1年	□遅番業務（トイレ～着替え～就寝）	
1年～	□夜勤 □簡単な記録（システム利用）	

\\Point 2// 入社後1年を目途に応用スキルの習得をスタート

　外国人介護士の多くは「もっと稼ぎたい」「母国で覚えた知識で成功したい」といった意欲をもっています。入社後すぐは、現場の基本業務が中心となると思いますが、「記録」や「夜勤」などの応用業務をこなすことも期待できます。特に夜勤は、手当が支給されますから、「たくさん夜勤をしたい」という外国人介護士も多くいます。しかし、小規模施設では、1人にかかる責任が大きいため、転倒事故などがあった場合に「外国人だから起きたのだ」と責められるケースもあるそうです。遅番の終業を遅くし、早番の出勤を早めるなどして、夜勤スタッフだけになる時間帯を短くする工夫も必要です。

　記録や夜勤を指導する際のポイントは、次のようになります。

□記録業務
　・選択式の記録用紙や記録システムを活用し、**記録を簡素化**する
　・記録のたびに**添削**する
□夜勤業務
　・**通常人数に1人加えて指導する期間**を、日本人よりも長めに設定する
　・何時に何をするのかを簡単に記した**手順書を準備**する（例：A4用紙1枚にまとめる）

施設長　リーダー

効果的な教育法を知りたい④ ——指導ツール編

Advice

ふりがな付きのマニュアルや、写真や動画を活用し、正しい手順への理解を促す

\\Point 1// 写真やふりがな付きのマニュアルを用意する

　指導方法を工夫しても、一度で覚えられないこともあります。しかし、そのたびに繰り返し指導するのは、トレーナーにとって大きな負担です。そこで、**指導内容に合わせてマニュアルを整備**しましょう。

　外国人介護士の場合、会話はできても文字、特に漢字が読めないという人は多いです。そこで、次のような点に注意してマニュアルを作成しましょう。

> □写真を多くし、**写真だけでもわかる**ようにする
> □文字はできるだけ**ひらがな、カタカナ**で書く（漢字にふりがなをつけるのがベスト）
> □難しい内容は、Google 翻訳などを使って**母国語を併記**する（なくても OK）

　すでに外国人介護士が働いている施設では、マニュアル作成時にそのスタッフにも協力してもらいましょう。また、よく質問されるのが「複数の国から外国人介護士が来ているのだが、それぞれの国に合わせてマニュアルをつくったほうがよいか？」というものです。そうできれば理想ですが、その分だけ作成にかかる手間も多くなります。簡単な日本語で説明を記載し、写真を掲載すれば、十分に活用できますから、今後同じ国からたくさんの外国人介護士を受け入れる予定がある場合のみ作成するとよいでしょう。

\\Point 2// 業務手順はその業務を行う場に写真付きで掲示する

　業務を行う場所に業務手順を掲示する方法も効果的です。ある法人では、入浴前の脱衣場の準備について、脱衣場内に写真付きのシートをラミネート加工して掲示しています（写真）。その際、**GOOD な例**と、**BAD な例**を併記しておくと、どこに気をつけなければならないのかがわかりやすいでしょう。このようにその業務を行う場所に「手順書」や「写真マニュアル」を掲示すると、その場で確認ができるため、習得が早くなります。

　また、消耗品や清掃、消毒に使うものの収納場所には、「棚の写真」と、それぞれの棚に「収納位置」を記したものを掲示するとよいでしょう。

　ただし、こうした掲示物は利用者に対して失礼にあたることもあるため、前述の法人では掃除用ロッカーの内側のドアの部分や、職員用の更衣室、職員しか通らない通路に掲示するようにしています。

掲示物の例（ベンチにタオルをかける）

 Good
 BAD

\\Point 3// 動画マニュアルで理解を促進する

　外国人介護士相手の教育ツールとして、**最もおすすめしたい**のが「動画マニュアル」です。彼女らは、文字を読むよりも聴くほうが得意ですし、写真よりも動画のほうが何倍も理解が進みます。基本技術については、日本語の解説付きで、動画を撮影しましょう。

　動画をつくる際は、難しい編集をする必要はありません。タイトルくらいはつけてもよいかもしれませんが、編集していない動画でも十分に活用できます。その他のポイントは次のようになります。

□場面を**短く区切って**撮影する（長くて1分）
□**ゆっくりとした日本語**で説明しながら動作をする
□ You Tube などにアップロードして、**どこでも見られる**ようにする（パスワードを設定する）
□**タイトルはわかりやすく**する（外国人でも検索しやすいようにする）

　You Tube にアップロードしておけば、空いた時間に自分のスマートフォンで視聴することもできます。また、法人内のみで閲覧するものですから、利用者やスタッフの顔が写ったものを使うのが一般的ですが、プライバシーの問題がありますから、取り扱いには充分に注意しましょう。

施設長 リーダー

ホームシックを対策したい

Advice

生活環境や制度を整備するとともに、出身国が同じ職員を増やす

\\Point 1// 長期休暇をとりやすくするなど生活環境や制度を整える

　外国人介護士のほとんどは、それまで海外旅行にすら行ったことのない人たちです。慣れない海外で暮らすことは、よいことばかりではありません。不安やストレスもあるでしょうし、国によっては「大家族で暮らすのが当たり前」というところもあります。そうした人たちが慣れない環境でホームシックになることは無理もありません。

　そこで、**ある法人では「生活環境」の工夫と、外国人介護士に限定した「サポート制度」により、ホームシックの対策に取り組んでいます。**

　まず「生活環境」ですが、社宅に Wi-Fi を設置し、通信料を法人が負担しています。また、併せて本国の家族や友人とオンラインで話せるように、タブレット端末を貸し出しています。

　「制度」の面では、帰国するための長期休暇をとりやすくしています。たとえばフィリピンでは、クリスマスをとても大切にしています。そのため、12月はパーティーが多く開催されており、それに参加したいというフィリピン人は少なくありません。そこで、年末年始の忙しい時期を避け、12月上旬に帰国できるように配慮するとともに、旅費の一部を負担することにしています。

\\ Point 2 // 外国人介護士が "主役" の場を設ける

　外国人介護士が彼ららしく活躍できる場をつくることも、ホームシックの対策となります。

　たとえば、前述の法人では、特養で3か月に1度「フィリピンナイト」というイベントを実施しています（「ナイト」という名称ですが昼間に行います）。施設内を飾り付け、英語の音楽をBGMにアジア料理を振る舞うイベントです。料理は厨房スタッフが、外国人介護士からメニューの提案を受け、日本人の舌に合うようにアレンジします。イベントのメインは、外国人介護士による歌とダンスのショーで、利用者と一緒に踊ります。歌やダンスが得意なフィリピン人が、大活躍する行事です。

　またモンゴル人を中心に受け入れている別の施設では、モンゴル人のスタッフが民族衣装を着て踊り、ジンギスカン（羊肉が苦手な人のために豚肉も用意）を食べるイベントを行う日があります。

フィリピンナイト

　最近ではYou Tubeなどの動画サイトで、その国のローカルミュージックを簡単に探すことができるので、こうしたイベントの企画も行いやすくなりました。彼らが主役になれる場面をつくれば、彼らの "居場所" をつくることができるため、とても効果的です。

\\ Point 3 // 将来的な構想を受け入れの初期から決めておく

　ホームシックの対策として最もよい手段は、**出身国が同じ人材を増やす**ことです。ですから、私が外国人介護士を施設に紹介する場合には、**最初から複数人を受け入れる**ことを提案しています。また、一期生が入社したらすぐに、二期生、三期生の受け入れ準備をするべきだと助言しています。外国人材を受け入れると決めた段階で、将来的にどれくらいの人数まで受け入れるのかを、ある程度は決めておきましょう。

　外国人材が増えてくれば、彼らにも相談相手ができますから、ホームシックになりづらいでしょう。ただし、出身国が同じだからといって、皆が仲がよいわけではありません。その点は、日本人と同じです。外国人材同士でどうしても馬が合わない場合には、部署を変えたり、社宅を変えたりして物理的に離すこともあります。

出身国が同じ職員を受け入れる

　また、よく「外国人材は全体の何割くらいがよいですか」と相談されますが、私のクライアントの施設では、3割を超えているところがいくつかあります。一度に増えると影響はありますが、外国人材の多くはとても意欲が高く、能力も高いため、それくらいの水準であればかえって活気があってよいと思います。そうなれば、ホームシックとは無縁の施設になります。

6章-8 施設長 リーダー 何を任せるべきかが わからない

Advice 任せるべきことは日本人スタッフと 大きく変わらない

\\Point 1// 特定の業務だけを任せることはリスクを伴う

　ある法人では外国人介護士に、毎日、入浴業務を専任でさせていました。施設長は「日本語力が低いから、これしかできない」と話していましたが、半年後、腰痛を患って仕事をできなくなり、帰国せざるを得なくなりました。

　また別の法人では、同じく語学力を理由に、外国人介護士に居室のシーツ交換、清掃や準備ばかりをさせていました。その職員は、入社から9か月後、やる気を失って帰国しました。長年にわたって国立病院で看護師として勤務してきた彼女は、日本の介護の知識、技術を習得して、帰国後に施設を運営することを目指していただけに、専門性を問わない裏方業務の日々には耐えられなかったのです。

　このように、**外国人介護士だからといって特定の業務にばかり就かせていたら、日本人同様に支障が出ます**。日本人でも「入浴専門パート」「清掃専門パート」のような特定の仕事に特化した職種はありますから、本人が納得していればよいのですが、そうでなければ離職につながることもあります。

\\Point 2// 必要な技術の習得期限を設定する

　日本人の新人も同じですが、**業務ごと、介助技術ごとに、いつまでに習得するべきかを設定する**とよいでしょう。そうすれば、裏方業務が集中することは避けられます。

　ある入所施設では、表のように習得期限を設定しています。

外国人介護士の介助技術の習得期限（例）

時期	習得期限（1人で行える）
～3か月	□トイレ介助　□移動・移乗 □脱衣・更衣介助
～6か月	□食事介助　□浴室内介助 □早番業務　□オムツ介助
～1年	□遅番業務　□居室清掃
～1年3ヶ月	□夜勤

　ポイントは起床（就寝）介助、着替え、食事、トイレ誘導といった複数の業務を、同時進行で手早く行わなくてはならない「早番」「遅番」や、一人で判断しなくてはいけない業務が多い「夜勤」を、いつ頃に設定するかです。

　また、「居室清掃」がかなり遅いタイミングであることに疑問をもつ人もいるかもしれません。この理由は、外国人介護士が居室に入ることで「盗難があるのでは」と不安に思う利用者もいるからです。残念なことですが、彼らが信頼できる存在として認められてから行ってもらうほうがよいでしょう。

\\Point 3// 役職者を育成する

　将来的には、外国人介護士のなかから、新人指導のトレーナーや役職者が誕生するのが理想です。それができれば、施設内で外国人材が外国人材を教えるしくみができますから、新たに外国人介護士を迎え入れる際の不安も解消できます。

　ある東京都内の特養には、介護福祉士養成校を卒業して介護福祉士を取得し、入社4年でユニットリーダーに就任した外国人介護士がいます。彼女は本国で大学を卒業し、簡単なシステムのプログラミングもできる才女です。就任当初は、部下となった日本人スタッフから不満の声もあがりましたが、難しい日本語も巧みに操って家族に対応し、現場のICT化による業務改善にも積極的に取り組む姿勢を見て、名実ともにリーダーとして認められました。

　ただし、すべての外国人介護士が役職者になれるわけではありません。もし役職者を育成しようと考えるならば、次の点を意識して人選し、指導していきましょう。

□将来的な希望（日本で働き続けたいか）
□ビザ（働き続けられるか）
□日本語力、日本の文化、習慣に対する理解

　また海外の場合、日本よりも上司の立場が強いことが多く、指示が命令口調になってしまって失敗する人もいます。その点は、役職に就く際にしっかりと伝えておきましょう。

施設長 リーダー

長期的に活躍してほしい

6章-9

Advice キャリアパス制度や費用補助の しくみを整え、定着率を向上しよう！

\\ Point 1 // "語学" が働くうえでの最大のハードル

　母国を離れて海外で生活するうえでのストレスとしては、「安全」「医療」「食事」「語学」「天候」などがあげられるでしょう。しかし、日本は世界有数の安全な国ですし、医療レベルも高いです。また「食事がおいしい」ことは、外国人にとっての日本の魅力の一つであり、天候についても長期滞在をあきらめる要因にはならないようです。そうなると、**「語学」が働くうえで最も大きなストレス**といえそうです。

　実際、技能実習生に「困っていることは何ですか？」と聞くと、「日本語を学ぶ時間がない」「学ぶのにお金がかかる」という回答が返ってくることがよくあります。それが長期的に勤務してもらううえでのハードルとなるのであれば、対策が必要でしょう。

　ある法人では、近隣に日本語学校がないため、オンラインで受講できる日本語会話レッスンの代金を補助しています。1回3,000円で10回までとしていますが、効果が上がっているようです。

業務時間中に日本語の学習時間を設ける

　ほかに、業務時間中にYou Tubeや日本語テキストを使って日本語を学習する時間を、1日20分設けている法人もあります。これくらいなら、施設長の裁量でも決められると思います。ぜひ検討してみましょう。

\\Point 2// 外国人介護士向けのキャリアパス制度を整備する

　ある外国人介護士から「こんなに頑張っているのに、給料を上げてもらえない。社長は私をバカにしている」と泣きながら相談されたことがあります。社長に聞くと、彼女を評価していなかったわけではなく、単に「日本人は定期昇給のしくみがあるが、外国人にはそのしくみがないから昇給しなかった」という理由でした。そうした話は、実はいたるところで聞きます。

　彼女たちの多くは出稼ぎで日本に来ていますから、**給与に対してとてもシビアな考え方**をします。外国人介護士に活躍してもらいたいのであれば、日本人同様に外国人介護士にも**「キャリアパス制度」**が必要です。ある福岡県の法人では、以下のように設定しました。

外国人介護士のキャリアパス制度（例）

クラス	できる業務	資格要件	時給換算
D	日中のフロア業務、入浴業務	日本語検定4級	1,000円
C	夜勤業務（一人ですべての業務が行える）	日本語検定3級	1,050円
B	システムによる記録業務	日本語検定2級以上	1,100円
A	トレーナー業務	介護福祉士	1,250円

　これを示すと、彼女たちの給料アップへのモチベーションは高いですから、真剣にがんばってくれます。「人件費を抑えるために外国人材を受け入れているから、昇給したくない」などという施設長もいますが、かなり時代遅れな考え方です。そんな"使い捨て"に近いやり方では、外国人材が長期にわたって勤務してくれることはありえません。

\\Point 3// 費用の補助で定着率が向上

　長期的に活躍してもらう方法はほかにもあります。たとえば、九州のある特養では、実習期間の3年を終え、特定技能に在留資格が移るタイミングで、**ほとんどの技能実習生が離職して都会に転職してしまっていた**そうです。一生懸命にサポートしながら育成したにもかかわらず、一人前になった段階で辞めてしまうというのは、その人にかかわってきた職員もがっかりしてしまいます。たしかに都会のほうが給料は高く、周囲に同国出身者がおり、遊べる場所も多いため、若い職員にとっては魅力的ですから、対策が必要です。

　そこで、この法人では、前出のキャリアパス制度で給料が上がるしくみを導入するとともに、3年以上務めた外国人介護士の社宅の家賃を全額無料にしました。また、技能実習生には支給していない賞与を支給することにしたところ、定着率が飛躍的に高まりました。

　導入によるコストとしては、技能実習期間は監理団体に管理費を払いますが、特定技能に移行することでその費用が半額以下になるため、こうした制度を導入してもあまり増額せずに済みました。郊外で家賃がもともと安く、補助費用があまりかからないことも大きかったようです。

☐ 外国人介護士の受け入れは今後、厳しい状況になる！　できるだけ早く取り組もう！

☐ 利用者の不安を解消するために、配属前に心の準備をしてもらおう！

☐ 「外国人材受け入れ説明会」を企画しよう！

☐ 指導は日本語力を中心に、計画的に実施しよう！

☐ 「動画マニュアル」を活用しよう！

☐ 長期的に活躍してもらえるように、キャリアパスや手当てを検討しよう！

業務の効率化に
かかわる悩み

役職者になったからには、**"無駄"をなく
し、業務の効率化を図りたい**。このように考
える人も多いのではないでしょうか。現場で
多いのは、職員同士の"不要"なおしゃべり
や、人やモノを探すことによる時間のロスで
す。

本章では、こうしたよくある業務の効率化
を阻む問題をどのように解決するか、そのポ
イントを取り上げます。

職員から「人手がほしい」と言われた

7章-1 施設長 リーダー

Advice 「人手が足りない」理由を分析し、適性人数でまかなえないか検証する

\\Point 1// 人手不足の犯人は "利用者想い" !?

あるデイサービスの施設長は、現場スタッフから「どうしても人手が足りないからスタッフを1人増やしてほしい」と懇願されました。なんとかやりくりして1人増員しましたが、3か月後に再び現場から「現場が回らないのでもう1人増やせないか」と相談されました。施設長が不思議に思って調べたところ、スタッフが増えたことをきっかけに外出機会やレクリエーションを増やしたことが原因だとわかりました。

これらの取り組みは "利用者想い" による前向きなものですが、人手が増えたからといって "やってあげたい" という気持ちに任せて新たな取り組みを増やしては、スタッフがいくらいても足りません。そうならないために施設長には、**常に現場の「人手が足りない」理由を分析し、業務を改善して適正人数でまかなえるように管理する**ことが求められます。

\\Point 2// 業務改善は足し算と引き算

定員のある**介護事業は、売上に上限があるため、人件費にも上限があります。**スタッフが多いほうが手厚いサービスを提供できますが、スタッフが多いほど給与額はキープできなくなります。そのため、人手が過剰にならないように管理することが施設長の重要な任務となります。

しかし、一定程度は"利用者のためにやってあげたい"を実現しなければ、スタッフのやる気が失われます。人手不足を引き起こさずにサービスを強化するポイントは**"引き算してから足し算すること"**です。先に業務を減らし（引き算し）て、生み出した時間に新たな業務を付加（足し算）するのです。足し算から行うと、残業が増えるなどの支障が出ますから注意が必要です。

減らしてから増やす（引いてから足す）

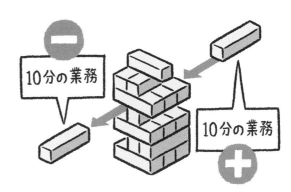

\\Point 3// 「やめる（縮小する）業務」から決める

次の表は私が現場の業務効率化のサポートをするときに、必ず作成してもらっているものです。

3分類業務管理表

分類	分類のポイント
増やす（強化する）	□「武器」にしたいサービス・業務 □「ニーズ」が大きいサービス・業務
維持する	□現状のまま行うサービス・業務
減らす（またはやめる）	□「ニーズ」が小さいサービス・業務 □減らす（やめる）ことで、別のサービスを強化できるサービス・業務

　作成の手順は、いま**現場で行っている業務を「増やす」「維持する」「減らす」の3つに分ける**だけです。このときに「増やす」と「減らす」のバランスがとれていればOKです。

　また、「維持する」の欄は、面倒であればあえて書き入れなくてもよいでしょう。ただし、維持するはずだったサービスや業務が、いつの間にか増えてしまっているということもありますから、職員の意識を統一するためにも表を埋めて提示することをおすすめします。

　特に大切なのは、「減らす」を決めることです。たいていの施設長やリーダーは、目標を立てたり、現場に指示をしたりするときに「増やす」ことしか言いません。そうならないように注意しましょう。

　たとえば、あるデイサービスでは、稼働率が低いために「居宅訪問営業」と、武器となる「料理レク」を徹底して強化することとしました。そこで、「連絡帳」を廃止したほか、訪問担当の生活相談員の時間をつくるために生活相談員が毎月作成する利用者の「状態報告書」を介護スタッフが手伝うこととしました。その結果、着手した翌月から新規利用者が増加しました。

業務改善を図りたい

7章-2 施設長 リーダー

Advice 業務改善のコツは "裏の業務" を減らして "表の業務" に充てること

\\Point 1// 効率化は "裏の業務" から

「業務改善」とは、一般に業務方法を見直して負担を軽減したり、効率化や時間短縮をしたりすることを指します。ですが、それだけではありません。サービスの偏りなどによる業務のムラをなくしたり、「強み」といえるサービスを強化したりすることも業務改善の一環です。

7章－1（➡ p.104）で、仕事量を一定にするためには、「業務を減らして（引いて）から、増やす（足す）こと」がポイントだと述べました。それと併せて押さえておきたいことがあります。それは、業務には**「表（利用者と接する業務）」**と**「裏（利用者と接しないバックヤードの業務）」がある**ということです。

業務改善は、まず "裏の業

"表の業務" と "裏の業務"

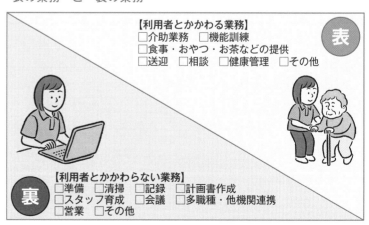

【利用者とかかわる業務】
□介助業務 □機能訓練
□食事・おやつ・お茶などの提供
□送迎 □相談 □健康管理 □その他

表

【利用者とかかわらない業務】
□準備 □清掃 □記録 □計画書作成
□スタッフ育成 □会議 □多職種・他機関連携
□営業 □その他

裏

務"から着手します。"表の業務"は、利用者のケアやサービス、リハビリ等に関することですから、減らすことで満足度が低下する可能性があるだけでなく、ADLが低下するリスクもあります。仮に減らすとしても、手をつけるのは最後にしたいところです。

業務改善を行うにあたって、まずは"裏の業務"をできる限りスリム化します。それでも業務が十分に改善されない場合には、3分類業務管理表（➡ p.105）を用いて、"表の業務"の仕分けをし、減らしてもよい業務を見定めたうえで改善を図ります。

\\Point 2// 通所サービスで減らしたい"表"の業務

"表の業務"のなかにも、代替手段に変更しても、皆さんが心配するほど大きな影響がなく、ときには利用者や家族から喜ばれるという業務もあります。

私が**代替手段への変更をアドバイスする業務**は、①**家族連絡（連絡帳の廃止）**、②**館内で使用する内履きの廃止**、③**朝のお茶出しの一部廃止**、の3つです。これらは、今のやり方を維持することで得られるメリットよりも、やめることによるメリットのほうが大きい項目といえます。

たとえばある施設では、利用者30人分の連絡帳の記入に、スタッフ2人で2時間（のべ4時間）がかかっていました。これを廃止することには、スタッフ間で大きな抵抗がありましたが、やめてもクレームは2件しかなく、かえってレクリエーションが増えるなど、利用者に喜ばれたといいます。ほかにも、以下の表で示した3つの仮説を立てて改善策を検討し、業務を変更しました。

3つの仮説とその改善

テーマ	現状と仮説	業務改善後
家族連絡	【現状】毎日、全員に連絡帳作成 ↓ 【仮説】 時間がかかるわりには、内容は充実しておらず、読んでいる家族も少ないのでは	・毎日の連絡帳を廃止 ・報告事項があったときのみ、LINEのチャットと電話でやりとり ・3か月に一度「家族報告書」を作成
靴の履き替え	【現状】外履きから内履きに履き替え ↓ 【仮説】 靴の管理と履き替え業務がかなり負担。利用者はそれほど外を歩かず、あまり汚れていないのでは	・下足のまま利用可とした ・エントランスマットを改善 ・スタッフだけ履き替え
朝のお茶出し	【現状】一人ひとりに配っていた ↓ 【仮説】 朝「送迎」「受け入れ」「バイタルチェック」「入浴」などが重なるため、別の方法に置き換えられないか	・給茶機を設置 ・要配慮の利用者だけ配茶＆観察 ・水分摂取を別の時間帯に強化

また、効率に最も差が出るのは「入浴業務」です。フロアからの動線や浴槽の形状がだいたい同じ

で、利用者の ADL などが同レベルでも、入浴にかかわるスタッフの数が2人も違うということもあります。にもかかわらず、かかわるスタッフが少ないほうが多くの利用者に入浴してもらっている、ということも少なくありません。

　もちろん、入浴に対する考え方（残存機能をどこまで活かすか等）も影響しますが、たいていの場合は、**重度の利用者と軽度の利用者を組み合わせて入浴してもらったり、バスボードなどの補助グッズを設置したり、誘導のタイミングを早くしたりするなどの工夫で効率は大きく改善できます。**

\\Point 3// 入所施設で減らしたい"表"の業務

　続いて、入所施設を例に考えてみましょう。ここでいう入所施設には、特養、老健だけでなく、介護付き（住宅型）有料老人ホーム、要介護状態の利用者を中心に受け入れているサービス付き高齢者住宅を含みます。最近では、入所施設の採用がかなり厳しくなっており、効率化は常に意識しておく必要があるでしょう。

　特に特養などは、入居者に対する介護スタッフの配置基準が3対1となっていますが、その割合で配置している施設は少なく、実際には2対1、1.5対1とかなり手厚い配置をしている施設が大半です。**職員の給与水準を上げるためにも改善が必要**です。たとえば、次のような"表の業務"を削減できないか検討してみましょう。

3つの仮説とその改善

テーマ	現状と仮説	業務改善後
入浴業務	【現状】週6日で、毎日一定数の利用者が入浴　↓　【仮説】入浴日を減らすことで、スタッフ数を減らせないか	・入浴日を週に3回に設定 ・入浴日のみ入浴専門パートを増員 ・日々の常勤スタッフ数を減らして運営
レクリエーション	【現状】職員が手作りでレクリエーションを準備　↓　【仮説】手作りのレクリエーションは、準備に手間がかかる割にクオリティが低いのではないか	・曜日ごとに「レクテーマ」を設定 ・有料ボランティアに依頼 ・有料のレクリエーションプログラムを導入 ・手作りレクリエーションを限定的に実施
食器	【現状】マイ箸・マイ茶碗を使用　↓　【仮説】大事なのはわかるが、そこにかかる購入依頼、管理、配食、食器洗浄などの手間が大きすぎないか	・マイ箸・マイ茶碗を廃止し、全利用者同じ食器に変更 ・ADL に応じてサイズ、形状のみ個別対応 ・効率化した時間を「朝の体操」などに充てる

　なかでも「マイ箸・マイ茶碗」などは、ユニットケア施設では実施しているところが多いです。もちろん、それが何よりも大切で、継続できるのであれば理想的です。しかし、その"こだわり"を捨てることで、利用者に大きなメリットがあるのであれば、検討事項の一つに入れてもよいと思います。

\\ Point 4 // 「前からこのやり方でやっている」は見直しのサイン

　皆さんのまわりに「前からやっているから」と、何の疑問ももたずに行っている業務はありませんか。実は、業務改善のときにはこれがとてもやっかいになります。職員はそのやり方に慣れており、1日のオペレーションにもがっちりと入っているために、その業務を見直したり、やめたりすることが難しいのです。

　また、施設長や役職者の業務のなかにも、前任者がやっていた方法を引き継いで、そのまま続けている業務はないでしょうか。長く続けてきたやり方が効率の面でも、仕事の質の面でも優れているのであればよいですが、「前からやっている」という理由で長期間にわたってやり方を変えていないのであれば、見直してみる必要があります。その際、チェックすべきポイントは、次のようになります。

やり方を変えていない業務の見直しのポイント

見直しのポイント	
属人化していないか	一部の人にしかできない仕事になっていて、その人がいなかったら引き継げない状態になっていないか確認しましょう。
今も必要な業務であるか	たとえば、記録業務であれば、始めた当初は必要であっても、サービス形態の変更や、介護保険制度の改正等によって、今となっては必要ない業務であることもあります。その業務が必要か改めて確認しましょう。
器具・システムが古くないか	新しい器具・設備・ICTのシステムでその作業を置き換えれば、効率化できることも少なくありません。
時代遅れになっていないか	世代に合わない歌謡曲で体操をするなど、時代遅れとなっていることがあります。

　この表をもとにチェックして見つかった業務を、廃止、または見直すときには、もう1つハードルがあります。レクリエーションなど、利用者もかかわる業務については、職員だけではなく、利用者も慣れ切っているために、変えることにはストレスが伴うということです。ですから、場合によっては、職員や利用者の抵抗感を生むこともあるかもしれません。まずは会議などで廃止する（または見直す）メリットや代替手段を丁寧に伝えるなどして、慎重に進める必要があります

施設長 リーダー

"人探し"や"モノ探し"に時間がかかる

Advice

声かけや定物定置で探す手間をなくそう！

\\Point 1// 探しものは"最大の罪"という認識をもとう

"探しものは最大の罪"という言葉があります。これは"人探し"や"モノ探し"に時間をかけることが、**生産性を著しく下げる一因になる**ということを示唆しています。

皆さんも、文房具やパソコン内の資料を探したり、年に1度しか使わないイベントの衣装や物品を探しまわったりしたことがあるのではないでしょうか。ほかにも、「施設長はどこだ？」「看護師が見つからない」と、施設内を走り回ったり、内線をかけて探したりするシーンもよく見かけます。ある調査によると、仕事のうち"探しもの"に費やす時間は1日の30%ほどを占めるそうです。そうならないように、スタッフ全員で意識するべきです。

\\Point 2// "人探し"をやめよう

ディズニーランドがアルバイト中心に運営されていることは有名ですが、それでも仕事の質が高いのは、優れた指導法が確立されているからです。新人期間中、先輩から最も頻繁に指導されるのは「**持ち場を離れるときは、周囲のスタッフに必ず告げること**」です。チームワークで仕事をこなすディズニーでは、それだけ"人に探されること"はご法度なのです。

それを介護事業に置きかえると、次のようなときに周囲のスタッフへの声かけが不可欠です。

介護業務で声かけすべきタイミング

声かけすべきタイミング	伝えるポイント
□トイレ	□居場所
□休憩	□戻り時間
□別ゾーンでの業務	□連絡方法
□外出	
□退勤	

　たとえば休憩に入る際の声かけでは、「これから**休憩で13時半まで抜けます**。**コンビニで昼食の買い物をするので**、何かあれば**携帯に電話をください**」のようになります。

　また"人探し"で最も気をつけなくてはならないのは、役職者や看護師、相談員などの要職に就く人です。こうした"探されやすい人"は、朝礼、申し送りの際に「１日の業務予定（どこで何をするか）」をあらかじめ共有しておくとよいでしょう。

\\Point 3// "モノ探し"をやめよう

　"モノ探し"では、パソコンを使うことが多い役職者の皆さんは、まずはパソコン内のファイル、フォルダ探しをなくすことから始めましょう。保存場所を決めるのは当然ですが、あとで**検索しやすいように「データ名」をルール化する**ことも大事です。参考までに、私は「日付＋大テーマ_タイトル」をデータ名にしており、たとえば「20230801_職員ルール_職員駐車場の使い方」のようにしています。

　また、物品や消耗品のモノ探しをやめる方法は**「定物定置（置き場所を決めて、決まった場所に置く）」を、その物品を使う職員全員で実践する**ことです。とても基本的なことですが、これが実践されていないから、探す羽目になるのです。

　ある特養では、物品の置き場に目印をつけて「モノ探しゼロ化」を目指しています。たとえばホッチキスであれば、置く場所にホッチキスを形どった印があり、ゴミ箱なども、勝手に場所を変えることのないように、床にゴミ箱の底の形でテープが貼られています。また、資料類が散らかることのないように、退勤時はデスク上に何もないことがルール化されていて、それができていない場合には賞与査定で低評価になります。私の経験では、施設内の整理整頓の状況と、残業時間は比例しているように思いますから、とても大事な視点だと思います。

物品は定物定置で管理する

経営者から「職員が多すぎる」と言われる

職員が多すぎる！

Advice

適正人数を把握し、業務効率を改善しよう！

\\Point 1// 経営者の"言い分"に耳を傾ける

　コンサルタントの仕事をしていると、施設長が経営者から「職員が多すぎる！　もっと少ない人数で運営できないのか！」と詰められているシーンによく遭遇します。

　「気の毒だな」と思うこともなくはないですが、経営者だって闇雲に"人減らし"を主張しているわけではありません。繰り返しになりますが、**売上に上限がある事業ですから、頭数を増やすと、それだけ職員それぞれの給料が下がってしまうリスクがある**のです。経営者の役割は売上を高くし、コストを下げて適正利益を残し、職員の生活を守ることです。経営者の"言い分"は、最初はなかなか理解できないかもしれませんが、そういう理由もあるのだということを知っておかなくてはいけません。

　だからといって、常に経営者の「職員が多すぎる」という指摘が正しいわけではありません。指摘が的外れなときには、**適正な職員数を明確にして、経営者に説明する義務が役職者には**あります。

\\Point 2// 「作戦ボード」で「適正人数」を把握する

　現場からの「人手が足りない」という訴えは、多くの場合、業務時間全体を指しているわけではありません。通所施設であれば「送迎」「受け入れ」「バイタルチェック」等が重なる朝の時間帯など、瞬間的に人手が不足する"ピークタイム"を指しています。しかし、この"ピークタイム"に合わせて職員

を配置するのは間違いです。そこで起こる**業務の"根詰まり"を解消し、全体を通した「適正人数」を洗い出す必要があります**。

　そこで役立つのがノートサイズのホワイトボードとマグネットです（いずれも 100 円ショップで購入できます）。ホワイトボードにエリアを書き入れ、マグネットを職員に見立てて、「**場面（浴室、フロア、トイレ等）ごと**」「**時間ごと**」に利用者と職員の流れを検証して、どこに"**根詰まり**"があるのかを**確認**していきます。これは通所施設、入所施設を問わず、同じ方法で検証できます。具体的には、それぞれの動きや役割、声かけ方法を見直したり、利用者の動き、サポートの順序を変えたりします。それらの対策を行ったうえで必要な人数が適正人数です。

ホワイトボードで「作戦ボード」をつくる

= マグネット（職員）

\\Point 3// 適性人数を根拠に許可を得る

　経営者が一番嫌うのは「減った分だけ増やしたい」という理由での人員補充です。そこには"そもそも何人必要か"の視点がありません。もし経営者に人員補充の許可を得るなら、「このユニットには正職員が○人必要なところ、○人しかいないので、○人募集します」のように、先ほど把握した"**適正人数**"を根拠に許可を得るべきです。

　最も難しいのは、現状の収支が赤字であるなど、経営状態がよくないときに人員を補充しなくてはならない場合です。その場合には、スタッフを補充した場合に増額するコストと、今後、増加する収入を明確にしてみましょう。たとえば、ある 40 人定員のデイサービス（週 6 営業／要介護者が平均 25 人利用）の施設長は、機能訓練指導員の増員を以下のように説明しました。

コストの増加	機能訓練指導員の採用（年収 400 万円　社会保険料込み）	▲ 333,333 円
収入の増加	1）個別機能訓練加算ⅠイからⅠロへの変更 ※ 56 → 85 単位 ※ 29 点× 10 円× 25 人× 26 日＝188,500 円 2）常勤機能訓練指導員の配置による集客効果 ※ 1 日 5 人× 26 日×客単価 9,000 円＝1,170,000 円	+1,358,500 円
収支の改善		+1,025,167 円

　こんな話を聞いたら、経営者としては「OK」と言わざるを得ないでしょう。経営者に交渉するときは、これくらいの根拠をもって挑みましょう。

施設長 リーダー

職員の"おしゃべり"が多い

Advice 無駄話できないような 環境づくりに取り組もう！

\\Point 1// "無駄口"をなくす環境をつくる

　ある施設長から「スタッフのおしゃべりをやめさせられないか」という相談を受けました。フロアに寄ってみると、たしかに数人のスタッフが、ユニット内のキッチンまわりに集まって話しています。食器洗いをしているようですが、手早く行っている様子もなく、そんなに重要な話をしているようにも思えません。こうした"おしゃべり"に困っている役職者も、多いのではないでしょうか。

　しかし、話すことを禁止する指導をして重要な情報のやりとりがなくなってもいけませんし、利用者を介した会話なら、少々のおしゃべりもフロアの雰囲気をよくするためには必要です。そこで、次のようなルールを設けることをおすすめします。

> □「無駄口（NG）」と「情報共有（GOOD）」の**線引きを明確**にする（ガイドラインを作成する）
> □会議での「**無駄口（脱線）」を排除**する
> □「朝礼」「夕礼」「申し送り」で各人からの**情報提供とフィードバックをしやすい雰囲気**にする

　「ガイドライン」は、事例を多くあげて説明するとよいでしょう。また、ガイドラインを超えて"無駄口"になってしまう場合には、その場で注意するようにします。

\\Point 2// "座る場所" を減らす

あるデイサービスでは、フロア内の記録台の周囲に、複数の職員がいすを集めておしゃべりをすることがたびたびありました。施設長はその都度、注意をするのですが、集まることのすべてが悪いわけではありません。もともとその記録台は、その日のフロアリーダーが記録業務や連絡帳の作成業務をするために設けられたものですが、それらの業務を協力して行うこともありました。

しかし、おしゃべりのせいで作業スピードは落ちていて、下を向いて作業をするために、周囲の利用者の状態が見えていません。そこで施設長は、**従来のデスクを撤去し、スタンディングデスク（立ったまま作業ができるデスク）に変更**しました。それだけで、以下のような効果がありました。

□ほかのスタッフが集まりづらくなった

□立った姿勢のためフロアリーダーは周囲が見えるようになった

□フロアリーダーがフロア業務を手伝うようになった

□座らないことで協力して行う記録作業が早く終わるようになった

□朝礼や申し送りも、スタンディングデスクが活用できた

実際、**座って行っていた業務を立って行うだけで、作業効率は上がります**。姿勢が正しくなったり、そのおかげで身体への負担が軽減されるからだそうです。ぜひ、試してみてください。

\\Point 3// "立ち位置" を決める

ある従来型の特養は、回廊型で端から端までの距離が遠く、食堂も広いため、サービス動線（職員がサービスを提供するために動く経路）がかなり長いことがネックでした。そして困ったことに、この施設でも、中央に設けられたステーションに "たむろ" してのおしゃべりが横行していました。

そこで、職員が無駄に集まることのないように「ゾーンディフェンス」をすることにしました。**フロアを4つのゾーンに分けて、それぞれに担当職員を配置し、どこに立っているべきかまで決めた**のです。ゾーンでの担当者の役割は「入所者観察＆ケア（排泄介助等）」「入所者誘導（食事の際等）」などです。もちろん2人ペアになったほうがよいこともあるため、場面ごとに、どのゾーンとどのゾーンの職員が協力するかなどのルールも決めました。

また、担当ゾーンの清掃は、基本的に担当者がすることに決めていて、そのゾーンには「私が清掃担当です」という担当者の顔写真入りのポスターを掲示しました。これらによって、基本的な "立ち位置" が決まったため、無駄にステーションに集まることはなくなりました。

ゾーンディフェンス（例）

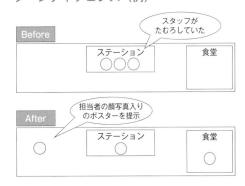

施設長　リーダー

スタッフ同士の「声かけ」を増やしたい

Advice

声かけする内容と、セリフをある程度決めておく

\\ Point 1 // "声かけ"によってチームワークが最適化される

　私がコンサルタントとして訪問した施設の数は 1,000 以上にのぼります。これだけ施設を見ると、施設内を見回しただけで、その施設で効率的に業務が行われているかがわかります。見ているポイントは多々ありますが、最も大事にしているのが、職員同士の"声かけ"です。

　「この業務、私がやりますね」「5分ほど抜けるので、お願いしてよいですか」のような**職員同士の声かけが活発であればあるほど、業務は効率的に、小気味よく進んでいきます。**

　直接的な声かけだけでなく、インカムなどを使う場合でも同じです。また最近では、スタッフが常時スマートフォンを携帯していて、チャットでやりとりをしているケースもみられるようになりました。また入所型の施設では、居室でナースコールが押されたときに、誰が対応するかをスマートフォンのボタンで知らせることができるようになっており、居室に向かう職員が重複するのを防ぐ取り組みをしているところもあります。

　必要なときに、必要な情報を共有できると、職員の動きに無駄がなくなり、チームワークが最適化されます。

声かけによる効果（例）

ナースコールが鳴った際に複数のスタッフが
同じ居室を訪問するなどの手間を省ける

\\ Point 2 // 声かけするときのセリフを決める

現場スタッフに「もっと声かけして」と指示しても、職員によってはピンとこないかもしれません。

そこで、**声かけする内容（テーマ）を決めておく**ことをおすすめします。その際のポイントは、次のように「セリフ」をある程度、決めておくことです。

□自分業務の進捗状況（着手・作業中・終了）：「これから○○をします」「○○が終わりました」
□自分の居所：「○○のため（持ち場を）抜けます」
□利用者情報：「○○さんの好みは○○ですよ」「○○さんの○○に注意して見て下さい」
□業務の変更点：「○○さんの受診時間が変更になりました」「○○さんの入浴が午後になりました」
□業務の予測：「○○の業務が○時までかかってしまいそうです」
□環境変化：「○○が故障しているので注意してください」「雨が降ってきました」
□指示・協力依頼：「○○をしてもらえますか」「○○の業務を替わってもらえますか」
□緊急時：「○○さんが転倒しました」

また、実際にやってみると、頻繁に声かけをする職員と、そうでない職員が出てきます。もし声かけをまったくしていない職員がいたら、個別に指導しましょう。声かけは、みんなでやることではじめて"チームワーク"や"効率化"につながります。

\\ Point 3 // 利用者に聞かせたくないセリフに注意する

最近は少なくなりましたが、いまだに施設に行くと「○○さんのオムツお願い！」とか「○○さんのトイレ入ります！」などと大きな声で叫んでいる職員を見かけます。自分が言われたら、どう思うのでしょうか。

また「○○さん、血圧高いので再検お願いします」などと、利用者の不安点を本人やほかの利用者に聞こえる音量で話している場面も見かけます。これも、本人の不安感をあおることになりますし、周囲の利用者も心配させることになりますから NG です。

こうした利用者に聞かせたくない声かけをどうしてもしなければいけないときは、職員同士にしかわからない「略語」を決めておくか、伝えたいスタッフに「○○さん！」と名前だけ呼びかけて、**あらかじめ決めておいたサインで伝える**ようにしましょう。

また、こういう場面でも**インカムが便利**です。インカムであれば大声を出すことなく、利用者に聞こえない音量で相手に伝えることが可能です。

日勤リーダーが育たない

Advice　職員の "適性" を見極めて三軍に分け、"二軍" からマニュアルをもとに指導する

\\Point 1// 日勤リーダー次第で業務の生産性は変わる

　多くのデイサービスには「日勤リーダー」という "日替わり" のポジションがあります。施設によっては「日責」や「フロアリーダー」などと呼ばれることもあるでしょう。その役割は、1日を円滑に運営するための "司令塔" で、具体的には次のようなものです。

> □現場への指示出し
> □利用者情報の収集・共有
> □記録業務（連絡帳なども含む）
> □入浴誘導（順番、タイミング）の指示
> □職員休憩のコントロール
> □フロアが忙しいときの補助

　日勤リーダーの採配、指示出しが上手であれば、フロアは円滑に動きます。そうでなければ、終わらない業務が出る、残業が出るなど、さまざまな支障が出るでしょう。こうした業務の実施状況の差は、利用者の状況や環境などの違いによって生じると思われがちですが、日勤リーダーの采配の良し悪しによるところも大きいのです。

\\Point 2// "三軍" は育てない！

　現場職員に分け隔てなく業務を割り振る施設長やリーダーがいますが、それではうまくいかないでしょう。なぜなら、**職員には"適性"があるから**です。

　日勤リーダーに必要なのは、複数の業務を同時進行するスキルです。しかし、一つの業務に集中して取り組むほうが得意な職員もいるはずです。こうした適性を無視してリーダーを任せると、業務が停滞します。ですから、すべての職員に同様の業務を任せるのではなく、個々の適性を考慮して"公平"に業務を任せる必要があります。

　しかし、適正にこだわり、一部の職員だけに業務が偏ると、職員の不満につながります。そこで、図のように職員を**一軍（スタメン）、二軍（育成選手）、三軍（適性がない）に分け、二軍を集中的に育てます。**

職員を三軍に分ける

一軍＝スタメン	二軍＝育成選手	三軍＝適性がない
いまできている人	指導すればできる人	適性がない人

\\Point 3// 日勤リーダーの技術を標準化する

　職員を一軍〜三軍に分けたら、**一軍を中心にチームを結成し、手順の統一化を図ります。**

1）第1回会議を実施して下記を説明する

　　□目的（日勤リーダーの業務方法の標準化）

　　□手順（メンバー個々のやり方の長所を活かしつつ手順を統一する）

2）チームメンバーのみが集中的に「日勤リーダー」に就く（下記フォームをそれぞれで作成）

時間	実施テーマ	大事にしているポイント
10:00	入浴誘導指示	・介助量が多い利用者と少ない利用者を組み合わせて誘導を指示 ・外介助から連絡がない場合は、声かけを忘れているかもしれないので、自分で見に行く
	連絡帳チェック	その日のページを全員分開いてからチェックする
11:30	休憩の指示出し	清掃が終わっていなくても、浴室スタッフに先に休憩をとらせる

※このようなものを1日分作成する

3）第二回会議を実施する

　　□それぞれが作成したフォームを共有して、お互いのやり方を把握する

　　□各業務のやり方を統一して、マニュアル化する

4）二軍メンバーに順番に指導する

　　臨機応変な対応を排除して、いかにルール化できるかが重要となります。

施設長
リーダー

ICT 化が進まない

Advice

機器を使う「場面」「時間」などを明らかにし、使う人を三軍に分けて指導する

\\Point 1// ICT 化が進まない理由は「変える負担」「覚える負担」

　介護施設に ICT 化は不可欠です。これからさらに人手不足が深刻化していきますし、社会保障費抑制のために、報酬単価も維持されるとは限りません。**今より少ない人数で、今より低い報酬で運営をするには、ICT 化は避けて通ることができません。**

　しかし、現場で ICT 化が進まないことが業界の大きな課題となっています。主な理由は次の３つです。

> ✓　面倒（今の方法を変えたり、新しい機器操作を覚えるのが億劫）
> ✓　コストが高い
> ✓　パソコン等が苦手

　機器の性能が不十分であるケースもありますが、その点はメーカーが切磋琢磨して年々よくなっていますし、低コストの機器も増えてきました。そう考えると、**最も大きな課題は「変える負担」「覚える負担」**ということになります。

\\Point 2// ICT 化に合わせてオペレーションをリニューアルする

ICT 機器は、全国どの施設でも使えるように開発されています。そのため、施設ごとの違いに対応することには限界があります。つまり、**施設側がやり方を変える前提でつくられている**のです。それを職員に理解してもらうためには、**導入するメリット（目的を含む）を明確**にしておくことが不可欠です。

たとえば、ICT 機器の導入には、以下のようなメリットが考えられます。

> □ **負担軽減・効率化**（楽にする、短時間でできるようにする）
> □ **コスト削減**（残業を削減する）
> □ **売上アップ**（加算を技術がなくても算定できるようにする）
> □ **安全性の向上**（腰痛を予防する、事故を防止する、健康状態をリアルタイムで観察する）
> □ **情報の一元管理**（利用者情報の正確性を向上する、ミスを軽減する、他事業所と情報共有する）
> □ **コミュニケーションの強化**（職員同士のやりとりや、家族との連絡を円滑にする）

次に、その「メリット」のために機器を「どう使うべきか」を検討します。職員に負担がかかりすぎてもいけませんから「場面」「時間」「担当者」「使う機能（使わない機能）」「目標（作業時間をどれくらい減らしたいか等）」を具体化していくのです。導入をスムーズに行うためにも、ここでは十分な議論が必要となります。

\\Point 3// 操作説明会と OJT で操作方法を定着させる

ICT 機器については、飲み込みが早い人とそうでない人がいます。ここでも日勤リーダーの項目で解説した職員を一軍〜三軍に分ける方法（➡ p.119）を用います。ただ、三軍を多くしてしまうとデジタルの方法と、三軍に合わせたアナログな方法が同居して、かえって業務が非効率になるリスクがあります。できるだけ三軍をつくらないように工夫しましょう。

ICR 機器活用における一軍〜三軍の分類

一軍	最初に習得し、施設内で指導役となる人
二軍	・一軍から指導を受けて、一軍昇格を目指す人 ・パソコンのスキルが低く、指導に時間がかかる人
三軍	年齢、スキルの面で指導が難しい人（別の業務に専念してもらう）

□ 業務改善は"引き算"から！

□ まずは"裏の業務（利用者と接しないバックヤードの業務）"から着手しよう！

□ "人探し"をなくすために、声かけを徹底しよう！

□ "モノ探し"の基本は「定物定置」！

□ 職員の動き方をボードでシミュレーションしよう！

□ "無駄口"をなくすには、環境を変えるのが一番！

□ スタッフ同士の声かけのポイントは、"セリフ"を決めること！

第8章

稼動率に
かかわる悩み

　ひと言で「稼動率アップ」といっても、**施
設の形態によって取り組むべきポイントは異
なります**。また、ケアマネジャーに向けた営
業もできるだけ効率的にしたいところでしょ
う。

　本章では、特別養護老人ホーム、デイサー
ビス、高齢者住宅それぞれについて、稼動率
アップのポイントを整理します。

施設長 リーダー

特別養護老人ホームの稼働率を上げたい

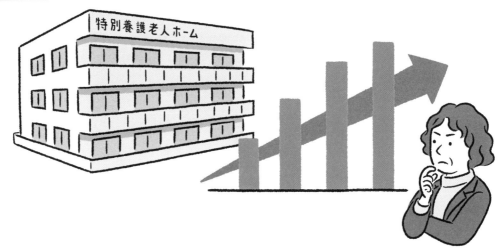

Advice

特養の稼働率アップの鍵は"ショートステイ"の強化

\\ Point 1 // まずは経営分析と目標設定を行う

①特別養護老人ホームの多くが厳しい状況にある

　全国的には待機者が多い特養ですが、エリアによってはすでに飽和状態にあり、稼働率が下がっている施設も増えています。それだけ事業者同士の競争は激しくなってきているのです。にもかかわらず行政は、まだまだ特養の新規開設を計画していますから、**競争はさらに激化すると予測**できます。

　実際、既存の施設に空床がたくさんあるにもかかわらず、新施設が建つという話はよく聞きます。自治体の介護保険計画が3年ごとと比較的長いスパンで立てられているため、飽和しているからといって急に開設スピードを抑えることができないのです。そうなると、既存施設も新施設も苦戦することになります。そして、**より魅力のある施設だけが勝ち残る**という構図となっていくでしょう。

　福祉医療機構が行った2021年度の調査*によると、ユニット型特養のうち30.5%、従来型特養のうち42%が赤字となっています。**赤字になれば、設備面でも、職員の給料面でも支障が出始め、大変厳しい状況に陥ります。**

　赤字に陥る要因の一つは、"待機者数の減少"と、"稼働率の低下"です。逆にいえば、黒字経営には、待機者数を増やし、高稼働率を維持することが不可欠です。施設長やリーダーには、適正な利益を残し、施設や従業員の生活を守る責任がありますから、黒字経営を目指すことが求められます。

②経営分析の方法

　稼働率アップを目指すにあたって、まずは以下の流れで月間入所者目標（毎月、どれくらいの入所者が必要か）を算出してほしいと思います。稼働率100％を目指しても、急な退所などで空床が出てしまうため"満床を目指すこと"がポイントです。

> **目標入所者数の算出**
> 年間入所者目標＝直近1年の「新規入所者数」＋「のべ空床数」÷「年間平均入所期間」
> 年間面談目標－「年間入所者目標」×「面談係数」
>
> **「面談係数」の算出**
> 面談係数＝「年間のべ入所面談者数」÷「年間のべ新規入所者数」
>
> **（例）**
> 　年間入所者が20名で、年間の面談人数が24名の場合、24÷20=1.2（面談係数）となる。この場合、入所目標の1.2倍の面談人数が必要となる。
> 　年間面談目標、年間入所者目標を算出し、それを12か月に分けて各月の目標を設定する。

　また、稼働率が高い状態にもかかわらず収支差額がマイナスという施設は、利用者単価が低いか、人件費が高すぎる可能性があります。その場合は、**「加算算定状況」**と**「介護職員配置割合（入所者：介護職員）」**を調べてみてください。加算については、看護体制加算、夜勤職員配置加算などは算定したいところです。また、介護職員の配置は、基準上の3対1まではいかずとも、せめて2台前半に留めることができれば、なんとか経営していけるはずです。

③目標設定と管理方法

　特養の稼働率は90％台後半を目指すべきです。しかし、急なご逝去なども加味すると、この数字は100％稼働を目指さなければ達成できない目標といえます。そのためには、先ほど算出した**「月間入所面談目標」をクリアすることと、現場職員らが受け入れを拒否しないようにサポートしていく**ことが必要でしょう。

　ただし、それでもなお稼働率100％を実現することは難しいと思います。ですから、図の2つの視点で理事長らと一緒に目標稼働率を設定し、その達成を目指すのがよいでしょう。

　また、日常的に施設長や相談員に管理してほし

目標稼働率を設定する際の2つの視点

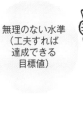

適正な利益が
上げられる水準

無理のない水準
（工夫すれば
達成できる
目標値）

いのは「空床数」です。以下の手順で月ごとの「空床上限」を設定します。

> 1．1日あたりの空床上限＝「定員」×「1 −（目標稼働率）」
> 2．月間空床上限（月ごとに設定）＝「1日あたりの空床上限」×その月の日数

　たとえば、100床で96％を目指すのであれば「1日あたりの空床上限」は4床となります。これに月ごとの日数をかけていきますから、1月は124床、2月は112床となります。

　なぜ「入所者数」ではなく「空床」に目を向けるかというと、入所者数だと数が大きすぎてピンとこないからです。たとえば100床で96％稼働を目指す場合、月30日とすると、目標は2,880床（96床×30日）を埋めることとなります。これだと仮に100床足りずに2,780床だったとしても、頑張っているように感じられます。**目標数字は小さいほうがわかりやすい**ので、「入所者数」ではなく「空床数」を管理してほしいのです。

\\Point 2// ショートステイ等を活用して稼働率アップ

①ショートステイを徹底的に強化する

　多くの特養では、ショートステイが併設していると思います。ショートステイの利用者は、将来的に特養に入所する可能性がある"見込み客"です。**つまり、ショートステイを徹底的に強化することが特養の入所者増につながります。**もしショートステイを併設し

長期滞在と短期滞在のメリット・デメリット

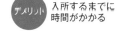

長期滞在	短期滞在
比較的重度者が多い	比較的軽度者が多い
メリット　入所する見込み度が高い	メリット　たくさんの見込み客を発掘できる
デメリット　少人数しか受け入れられない	デメリット　入所するまでに時間がかかる

ていないのであれば、空床を活用してショートステイを受け入れることから始めてみてはいかがでしょうか。

　特養で空床を埋めるためには、「ロング（長期滞在）」と「ショート（短期滞在）」の2つの客層が必要です。それぞれの利用者を獲得するメリットとデメリットは、図のようになります。

　重要なのは、**ロングとショートの割合を設定しておく**ことです。ある法人ではショートステイ10床に対して、「ロング利用は4割まで」と決めました。そして、ショートステイ利用の平均利用期間を「4.5日」と設定しています。つまり、月30日の場合、6床×30日＝180床を埋めなくてはいけないのですが、それを利用期間4.5日で割ると、月に最低でも40人（180床÷4.5日）の利用者が必要ということになります。ちなみにこの施設では、空床利用も含めて、常時、ショートステイの稼働率が110％を超えています。これを参考に、皆さんの施設でもロングとショートの割合を設定してみてください。

②営業・見学方法を見直す

　ショートステイの稼働率を高めるには、営業が欠かせません。また営業を行ううえでは、他施設にはない"武器"があることも重要となるでしょう（➡ p.142）。たとえば、次のような項目について、いずれかで独自性を発揮できると、大きな武器となります。

□居住環境（快適に滞在できる）
□自立支援（生活リハを強化している。ADLが落ちない）
□食事（食材、調理に工夫がある）
□レクリエーションや外出ウォーキング（ほかにはない楽しさがある）

ほかに、施設独自の寝巻きなどが用意されていて、入所準備に手間がかからないことなども施設の強みとなります。

また、営業や見学については、次のことを実施してみましょう。

□ショートステイだけのパンフレット作成（対象者、特長やおすすめポイント、日課、予約方法等）
□空床情報の定期的な案内（FAXで月1〜2回）
□定期的な訪問（3か月に1回程度行い、ケアマネジャーと接点をもつ）
□予約方法の見直し（すぐに予約できるかどうかがわかるシステム）

③受け入れを強化する

いくらショートステイを強化しても、いざ特養に入所するというときに、現場が受け入れてくれないと意味がありません。要介護度が高く、**現場での介助負担が大きい人や、医療的ケアが必要な人から入所希望があったときに受け入れられるか**が、高稼働率を維持できるかどうかの分岐点となります。

利用者を受け入れる力を強化するためのポイントは、大きく3つあります。

利用者受け入れ強化のポイント

1.
入所判断基準
（どのくらい重度の人を
受け入れていくか）
を明確にする

2.
重度者のケア方法を
多職種で検討しておく

3.
入所が決まった時点で、
入所者情報と
ケアのポイントを
現場に伝えて
準備してもらう

なかでも、2. が大切です。なぜなら、看護職は「受け入れられる」と答えるのに、介護リーダーが「受け入れられない」と答えるなど、職種によって答えが異なることも多いからです。日頃から**重度者のケア方法を多職種で検討し、認識を共有しておく**ことが大切となります。また、施設長やリーダーが、そうした人を受け入れるという意識を強くもたなければ、現場は言うことを聞いてくれません。まずは自ら、目標稼働率を達成するためにどのような人を受け入れるのかを、自問自答してみましょう。

＊出典：2021年度（令和3年度）特別養護老人ホームの経営状況について
https://www.wam.go.jp/hp/wp-content/uploads/230324_No017.pdf

施設長 リーダー

デイサービスの稼働率を上げたい

Advice

営業ツールを見直し、ケアマネジャーや家族へPRを行う

\\Point 1// 競合を分析し、コンセプトを明確にする

①市場分析＆競合分析を行う

　デイサービスは介護事業のなかで最も競争が激しい事業です。ほとんどのエリアで飽和状態にあり、徐々に淘汰も始まっています。その証拠に事業所数は2016年以降、増えた分だけ減っており、横ばいの状態が続いています。皆さんのまわりでも「あの施設が閉館した」とか「あそこは利用者が少なくて厳しいらしい」といった話を聞いたことはないでしょうか。それだけに、ほかの事業以上に、**市場環境や競合環境を意識しながら運営する**ことが求められます。次の情報について定期的に調べ、最新の情報をできるだけ把握できるようにしましょう。

	入手したい情報	□要介護認定者数の今後の予測 □現状の要介護認定者数に対するデイサービス利用率
市場環境	目的	1）利用者数の増加と比較して、自社の利用者数が増えているかを確認する 2）「入手したい情報」欄のデータから、デイサービスの利用者が今後増えるか、減るかを予測する
	入手方法	自治体に確認する

競争環境	入手したい情報	競合施設情報（リスト化して下記を調査する） □基本情報（定員、時間コース、設備） 　※時間コースは「7時間超」「3時間超」など 　※設備は「入浴設備」「リハビリ設備」「カラオケルーム」など □特長（強いサービス） □1日あたりの利用者数
	目的	1）自社がサービスを行ううえで競争している施設を知る 2）競合施設に勝つ戦略を立てる
	入手方法	ケアマネジャーから情報収集する

②コンセプトを明確化する

　市場環境、競争環境を調べると、どれくらいシビアな戦いをしなくてはならないかがよくわかるはずです。**勝ち残るには、強力な"武器"が必要**です。そこで知ってほしいのが「"誰でも"は"誰も"」というマーケティング用語です。これは、"どんな人でも受け入れる"ということを事業所のポリシーにしているところもありますが、それを続けているとお客さんがいなくなりますよ、という意味の言葉です。

　飲食店に置き換えると、わかりやすいかもしれません。「どんな人も満足できる味です」とあったら、嘘っぽく聞こえるのではないでしょうか。そもそも万人受けする料理なんて存在しないはずです。カレーライス一つをとっても、スパイシーなのが好きな人もいれば、それが苦手な人もいます。野菜がゴロゴロ入っているのが好きな人もいれば、トロトロになるまで煮込んだほうがよい人もいるでしょう。"万人受け"なんてないのです。

　これは介護施設も同じです。軽度者から重度者まで、運動好きな人から嫌いな人まで、どんな人も満足できる施設なんてないはずです。ですから、"誰でも"を武器にするのではなく、**"誰（対象者）だけ"を明確にしなくてはいけません**。そして、その"誰"のニーズ、デマンドにばっちり合ったサービスを提供することが"武器"になります。たとえば、次のように対象者を明確にすると、武器を考えやすくなります。

対象者に合った武器を明確にする

対象者	□車いすの人　□認知症の人
武器	□車いすの人でも操作ができるリハビリ機器 □座ったままできる運動プログラム □認知症の人も楽しく参加できる回想法プログラム □座ったままで作業できる調理台＆料理レク □ゆったり入れる個浴＆入浴リフト

\\Point 2// 居宅リストと営業ツールで稼働率アップをねらう

①居宅リストを作成する

　デイサービスに限ったことではありませんが、**利用者を獲得するうえでのキーマンは、ケアマネジャーと利用者の家族**です。最近はポスティングなどで利用者の家族に直接訴求する事業者も増えていますが、メインは居宅介護支援事業所に対する営業でしょう。

　営業を始める前に、まずやってほしいのは、**居宅介護支援事業所のランク付け**です。居宅介護支援事業所のリストを作成して、以下のようにA～Cの3段階で分類してみましょう。

	現利用者	紹介見込み	営業方法
Aランク	あり	○	・実績配布営業 ・毎月1日に訪問（または、担当者会議などで接点をもつ） ・利用者の様子を頻繁に報告
Bランク	なし or 過去あり	○	・定期的に訪問（最低3か月に1回） ・手ぶらでいかない（常に新たなネタを提供する）
Cランク	―	―	ストレスになるので営業しない

　Aランクに分類した居宅介護支援事業所は、"お得意さん"にするのが目標です。施設の現在の利用者に関する情報をしっかりと伝えて、「この施設は信頼できる」「情報をもらえて便利」とケアマネジャーに思ってもらい、2人目、3人目の紹介者獲得を目指しましょう。

　次にBランクの居宅介護支援事業所ですが、定期的に訪問することがポイントとなります。なかには、利用者が減ってきたときに営業を増やす施設もありますが、それでは利用者を紹介してもらうところまではつながらないことも少なくありません。「3か月に1度」といった頻度と、「月20か所」といった訪問件数を決めて定期的に営業し、まずは「1人目」を紹介してもらうことを目指します。

　このときのポイントは、営業ツールを工夫することです。定期的に訪問するのであれば、「広報誌」などを活用し、**常に新しい情報を届ける**ようにしましょう。

②営業ツールを作成する

　営業ツールとしては、以下のようなものが考えられます。

リーフレット	ケアマネジャーが携帯したり、利用者が友達に紹介したりするときに持ち歩き、活用しやすいサイズ（例：A4で3つ折り）で作成する。 ※パンフレットから大事な情報を抜粋して作成する
パンフレット	「施設概要」「施設の特長」「施設見取り図」「1日の過ごし方」「見学プラン」などが、写真とともに充分に説明されている資料（例：A3で2つ折り）。
アプローチブック	「料金」「イベント風景」「Q&A」など、パンフレットでは掲載しきれない情報を、写真とともに解説する資料（例：A4横で数十ページ）。見学対応時の説明に使うことを想定し、説明する順番に並べて作成する。
広報紙	イベント情報や最近の利用者の写真などを掲載し、毎月発行する。

　こうした資料は、他社のケアマネジャーがあなたの施設を紹介するときに、利用者へ見せることも珍しくありません。ですから、**読みやすく、わかりやすく作成すること**が利用者獲得につながります。デザイナーに依頼するなど、こだわりをもって作成することをおすすめします。

③見学（体験）方法を見直す

　どんなに一生懸命に営業しても、見学に来た利用者が契約してくれなかったら、意味がありません。**見学客の契約率は、できれば80％以上**を目指しましょう。一般的に「体験（お試し）」はタブーとされることが多いですが、許可されている地域もあります。見学や体験に来た利用者はできるだけ逃さないようにしたいところです。そのためのポイントは以下のとおりです。

時間設定	・"見てほしい時間帯"に設定する ・「体験」の場合、長くなると疲れるため、最長でも5時間程度に留める
送迎	・ほかの利用者と一緒だとストレスとなるため、見学者だけを個別に送迎する ・家族同伴の場合は、家族と一緒にお連れする
前日電話	・準備物、時間を再確認する
流れ	1）送迎 2）バイタルチェック 3）施設概要説明＆ニーズ聞き取り 4）見学＆レクリエーション体験（リハビリ体験） 　※見学の場合も簡単な体験を準備する 5）質疑応答＆利用の動機づけ

　私が運営する施設では、見学時にリハビリ専門職が「歩行分析デバイス」を利用して歩行状態をチェックし、「歩くときのバランスがちょっと心配ですね。週2回くらい通い、歩く練習ができると改善すると思います」などと提案してもらうようにしています。こうした体験は利用者の興味・関心を喚起し、施設の利用へとつながりやすくなります。他職種も交えて取り組んでみましょう。

　ここで紹介した要素が決まったら、「送迎付き見学プログラム」などとうたい、チラシなどで案内するとよいでしょう。その際、見学を申し込みやすいように「申し込みフォーム」を併記しておきます。

施設長 リーダー

高齢者住宅の入居率を上げたい

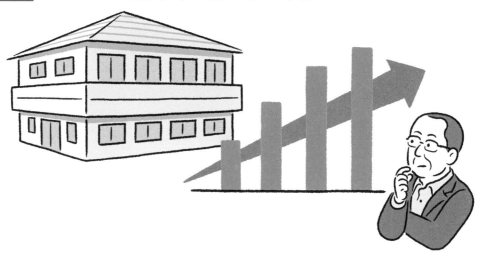

Advice

持ち家が多い日本では「介護力」が鍵。施設ならではの"魅力"のPRも重要

\\Point 1// "魅力的な1日"の過ごし方を示す

①「介護力」が重要となる

　欧米では「引退したら元気なうちに、シニア住宅でのんびり暮らしたい」というような"積極的な転居"も珍しくありませんが、日本ではまだまだ多くありません。総務省統計局の住宅・土地統計調査によれば、高齢者の持ち家比率は82.1%だそうです*。借家ならその気になればすぐにでも手放せますが、持ち家はそうではありません。こうした理由から、多くの高齢者が「できればギリギリまで住み慣れた家に住み続けたい」と考えています。しかし、何らかの事情（多くは要介護状態）でそれが叶わなくなり、高齢者住宅に入居することになるわけです。

　つまり、**多くの高齢者やその家族が高齢者住宅に求めるのは「介護力」**です。なぜこんな当たり前のことを言うかというと、そのことがわかっているにもかかわらず、まるで新築マンションを販売するかのように、外観や無人の部屋、食堂の写真ばかりが並ぶパンフレットやホームページが蔓延しているからです。

高齢者住宅に求められるものは「介護力」

高齢者の多くが
持ち家を有している

多くは要介護状態になった
ことをきっかけに高齢者住
宅を利用するため

<u>介護力</u>

が重要となる

比率は82.1%

② “魅力的な1日”の過ごし方を提案する

では、「介護力」の次に大事なポイントは何でしょうか。それは **“施設での1日”を魅力的に訴求する** ことです。

高齢者住宅に転居する高齢者が「これでオレの人生も終わりだ」と言うのを耳にしたことがあります。受け止め方は人それぞれですが、失意のもとに転居する人は多いです。家族もまた然りで、高齢者住宅に転居させることに、良心の呵責を感じている人もいます。彼らが想像する高齢者住宅は、病院のようにただ個室で過ごしながら介護を受けるだけの退屈な場所なのです。

そこで、数ある競合施設のなかからあなたの施設を選んでもらうために、**レクリエーションやイベントをできる範囲で充実** させましょう。「このホームではこのような過ごし方ができますよ」と、魅力的な過ごし方の提案ができるようにするのです。そして、その活動を含む “魅力的な1日” の過ごし方をパンフレットやホームページに掲載したり、見学時の説明に加えたりして、高齢者や家族に訴求しやすい工夫をします。その際、デイサービスなどの併設サービスがあれば、高齢者住宅自体の活動を増やさなくても魅力を伝える方法があるはずです。

③5-3-1の法則を目安に改善に着手する

高齢者住宅にとって、目標とする稼動率は100%だと思います。満室になるまで、営業・販促活動は続けるべきですし、逝去したり、入院したりするなどでいずれは退去しますから、そうした活動は常に見直して改善するべきです。

その目安となるのが「5-3-1の法則」です。これは「資料請求」⇒「見学」⇒「申込み」⇒「契約」の移行率を表したものです。以下の表をご覧ください。

段階	移行率目標	改善すべきテーマ
資料請求者が見学する	5割以上	□パンフレット □送付状
見学者が申し込む	3割以上	□見学対応の方法
見学申込者が辞退する	1割以下	□申込後、契約までのフォロー方法

※高級タイプの住宅ではこの水準より下がり、低価格タイプでは上がる傾向にあるため、あくまで目安です。

ここで示す「5割以上」「3割以上」「1割以下」をクリアできない場合には、改善に着手すべきでしょう。たとえば、資料請求をした人のうち、見学に訪れた人が5割以下であれば、送付した資料が魅力的ではなかったということになります。パンフレットの掲載内容を見直したり、送付状を単なる挨拶文から見学のきっかけづくりとなるセールスレターに変更したりするなどの改善が必要です。

加えて、2点補足があります。まず複数の高齢者住宅にまとめて資料請求できるような **高齢者住宅のポータルサイトを利用している場合、資料請求者の数に対して、見学者数は少なくなりがち** です。ここで提示した「5割以上」を達成することは難しく、せいぜい2割程度が限界でしょう。

続いて、**“辞退率”** のとらえ方です。“見学申込者の辞退率が1割以下” は、“見学申込者による契約

率が9割以上"と同じ意味です。"辞退者が多いかどうか"ととらえたほうが改善のきっかけとなりやすいので、あえてこのようにしています。

\\ Point 2 // ホームページやパンフレットに力を入れる

①ホームページにはイベントなどの楽しみを掲載する

　高齢者住宅への入居を検討している人は、本人か家族のどちらかが近隣に住んでいることが多いです。ほかの業種と同じように、ケアマネジャーや病院のソーシャルワーカーを定期的に訪問して**営業活動を行い、施設の情報を伝える**必要があります。

　ただし、どこを利用しても費用にほとんど差のないデイサービスなどと違って、月額費用が異なる施設選びは慎重になります。そこで重要となるのが、ホームページです。特にご家族は、ホームページをいろいろと検索して見学する施設を選ぶので、最低限、以下のようなコンテンツを載せておきましょう。

□施設概要
□対象者像（どんな人におすすめか）
□間取り
□特長（ほかの施設と比較したときの"売り"）
□パブリックの設備（食堂、リハビリテーション室、浴室等）
□金額（「要介護3の人の場合」など、事例を載せる）
□イベント・レクリエーション
□リハビリテーション
□1日の過ごし方（おすすめの過ごし方の例）
□協力病院
□Q&A（看取りができるかなど、よくある質問にホームページ上で回答する）
□見学申し込みフォーム

---

②写真を活用した営業ツールを作成する

　ホームページ同様に、パンフレットも大事です。よく開業当時のイメージパース（出来上がりの予想図）やガランとした無人の室内写真、素材集の写真・イラストをいつまでもパンフレットに使っている施設を見かけます。それで集客できていればよいですが、集客につながっていないのであれば改善が不可欠です。

　パンフレットの場合、紙面が限られる分、ホームページよりも掲載できる内容は少なくなります。そのなかで何を、どのように伝えるべきか、パンフレットの制作に携わる業者等も交えてよく話し合ったうえで最大限活用しましょう。

　また、ホームページとパンフレットに共通して、**どのような写真を掲載するか**は何よりも大切です。次のような写真を掲載できるとよいでしょう。

□利用者の写真 →「どんな利用者が過ごしているかを知りたい」というニーズに応える

□スタッフの写真→「どんな人にお世話になるかを知りたい」というニーズに応える

□食事の写真 →食事を楽しみにしている利用者は多い

□レクリエーション・イベントの写真

→施設の暮らしにどんな楽しみがあるかを知りたい家族は多い

また、デイサービスと同様に「リーフレット」「アプローチブック」「広報紙」なども不可欠です（➡ p.130）。特にアプローチブックは、デイサービス以上に効果を発揮します。見学時の説明で「この資料があるといいな」と思うものを書き留めておいて、資料を加えていきましょう。

③施設のよさが伝わる見学＆体験プランをつくる

5－3－1の法則で、最も大事なのは**「見学対応」**です。対応方法がしっかりしているかどうかで、契約率に大きな差が出ます（詳細は9章－6（➡ p.152）参照）

ところで皆さんは、見学に来た人が決めきれずにおり、「もうひと押しできれば」と思うことはありませんか。そんなときにおすすめなのが、体験プランです。私がサポートした施設では、以下のようなものがありました。

体験ステイ	1～3泊程度宿泊して、さまざまなサービスを受けてもらう
イベント体験	イベントに参加して、施設の楽しさや雰囲気を感じてもらう
ランチ試食	試食して、食事や雰囲気を感じてもらう

体験プランでは、施設のよさが充分に伝わるように、出迎えから見送りまで手抜かりがないよう綿密に計画しましょう。たとえば、ある住宅型有料老人ホームでは、家族と一緒にステイ（宿泊）できるプログラムがあります（家族は家族室を利用）。初日に施設に到着して一休みしたら、施設の車で近隣の公園、スーパーや甘味処などを回り、施設周辺の魅力を知ってもらいます。また、夕食は家族と一緒にとってもらいます。こうした体験を通じて、本人や家族が納得したうえで、入居を決めてもらいます。

ただし、食事に自信がないのに試食をプログラムに盛り込んだりすると逆効果になりかねません。何を体験してもらうことで、自施設の魅力を一番体感してもらえるかをよく検討のうえで行いましょう。

＊出典：総務省統計局「平成30年住宅・土地統計調査」

https://www.stat.go.jp/data/jyutaku/2018/pdf/kihon_gaiyou.pdf

【特別養護老人ホーム（入所施設）】

□目標は「月間空床上限（目標稼働率を達成できる空所数の限界）」で設定しよう！

□ショートステイの強化が、稼働率アップの最大のカギ！

□「ロング」と「ショート」の目標を設定して、それぞれの受け入れ強化に取り組もう！

【デイサービス（通所施設）】

□コンセプト（対象者、武器）を明確にしよう！

□居宅の ABC ランク表を作成しよう！

□「営業ツール」と「見学会」を見直そう！

【高齢者住宅】

□あなたの施設の "魅力的な1日" の過ごし方を考えてみよう！

□契約プロセスは「5－3－1の法則」を目安にしよう！

□「パンフレット」と「ホームページ」を見直そう！

第9章

業績に
かかわる悩み

第8章で取り上げた「稼動率アップ」は、役職者だけが取り組んでもうまくいきません。**施設全体で目標達成に向けて取り組むことが大事**です。

本章では、その具体的な手法に焦点を当てて解説します。

9章-1 （施設長）（リーダー）職員に目標を意識してほしい

Advice 掲げる目標の数は控えめに。
成功体験を積み重ね、目標を共通言語にする

＼Point 1／ 目標は３つ程度に抑え、口頭で共有する

　稼働率の目標を立てても、あなた１人でそれを達成するわけではありませんから、現場に浸透しなければ意味がありません。しかし、次のような経験が皆さんもあるのではないでしょうか。

①目標数値の達成が難しい
②目標項目が多くて覚えてもらえない
③目標に前向きにならない
④"スタッフ不足"などを理由に目標に取り組まない

　これらが、目標が浸透していない施設に見られる課題です。

　まず①の対策ですが、たとえば「稼働率80%」という目標はわかりやすいですが、現場のスタッフにしてみたら、そのために何をすればよいのかがわかりません。「月間新規利用者目標３人」としたほうが明確に目標を意識できます。

　次に②ですが、人が意識できる目標はせいぜい３、４つです。それを超えると意識が分散してたちまち浸透しなくなります（対策はPoint 2参照）。

　続いて③ですが、「売上目標」「利益目標」といった言葉を用いると、「儲け主義だ」「私達が働くのは売上のためじゃなく、利用者のためだ」というような理由で後ろ向きになる職員がいます。そこで、

「売上高」を地域にどれだけ支持されているかを示すバロメーターとして「地域支持高」と言い換えたり、お客様にどれくらい貢献できているかを示す値として「顧客貢献高」と呼んだりしている施設もあります。こうすれば"儲け主義"といった誤った認識が薄まるかもしれません。

　また、④のように「スタッフ不足」といった職員目線の理由で利用者を増やすことを拒否するなど、目標の達成にブレーキをかける職員もいます。こうしたケースでは、"なぜ売上を上げなければならないか"や、"どうして利益が必要か"をしっかりと説明することが大事です。それでも拒否感が強い場合には、以下のように相手の言い分のデメリットをつくのも一つの手段です。

例①

「スタッフが足りないから、これ以上は利用者を受け入れられません」

「売上が変わらないなかでスタッフを増やすと、一人ひとりの給料は下がってしまうけれど、皆は承諾してくれるの?」

例②

「利用者が増えたら、現場が窮屈になります」

「利用者が多いほうがにぎやかで、利用者にとってもお友達もつくりやすいと思います。どちらがよいか、今度ほかのスタッフも交えて議論してみましょう」

　こうしたやりとりをしていれば、④のような職員も、徐々に目標の浸透を妨げるような言動をしなくなるはずです。

\\Point 2// 目標を"小さく"設定して浸透させる

　職員のなかには事業所が掲げている売上目標にピンとこない人もいます。たとえば、「月間売上目標480万円」と言われても、現場のほとんどの介護職は実績管理にかかわっていないので、まったくイメージができないでしょう。「達成のために頑張れ」といわれても、何をどうすればよいかわかりません。

　そこで、目標を「大目標(最終目標)」と「中目標(それを達成するための要素となる目標)」に分けて設定し、職員には「中目標」を伝えることにします。売上目標と、それを構成する3つの要素「資料請求人数」「平均利用回数」「客単価(1日あたりの利用単価)」を例にすると、次のようになります。

大目標 (最大目標)	月間売り上げ480万円	中目標①	請求人数60名／月　(現状維持)
		中目標②	平均利用回数8回／月　(改善)
		中目標③	客単価1万円　(現状維持)

　これは「大目標」である「月間売上480万円」を達成するためには「中目標」①〜③の3つをクリアする必要があることを示しています(60人×8回×1万円=480万円)。仮に現状で、中目標の①およ

び③がクリアできていて「現状維持」でよいのであれば、残すは中目標②「平均利用回数」だけとなります。Point 1にもあるように、人が意識できる目標の数は限られていますから、この場合は「今月の平均利用回数は7.5回でした。来月は目標の8回をクリアしましょう」「週1〜2回利用の人で、回数を増やしたほうがよさそうな人をリスト化して、声かけしましょう」と、とにかく「利用回数」だけに絞って伝えるようにします。そこにだけ意識を向ければ、職員の改善活動に力が入るはずです。

　目標とするテーマによっては、さらに目標を細分化することも必要です。たとえば、「平均利用回数」を伸ばすための方法には、1週間の利用回数を増やすことと、「私用」や「体調不良」などによる直前でのキャンセルを減らすことの2つがあります。それぞれを「小目標」として設定したのが次の表です。

中目標②	平均利用回数8回／月	小目標①	増回人数3人／月
		小目標②	月間キャンセル率10％以下

　これらのうち、より大きな課題だけを伝えます。この事業所にとってキャンセル率のほうが大きな課題であれば、それだけを伝えるのです。つまり、キャンセル率が下がれば、平均利用回数目標がクリアでき、さらには売上480万円がクリアできるという筋書きとなります。

　この大目標を「中目標」「小目標」に細分化し、達成を目指す方法は、「業務効率化」や「サービス向上」などのテーマでも活用できます。

\\ Point 3 // "成功体験"の積み重ねで目標を「共通言語」に

　目標を設定できたら、それを浸透させ、行動させるのも役職者の役割です。大切なのは、**会議や研修、朝礼・夕礼、申し送り、面談などの機会を目一杯使って、とにかく目標を言い続けること**です（下図）。

　このとき意識してほしいことは、**"小さな成功体験を積み重ねること"**です。目標をクリアできたときには、大げさに喜んで、みんなで拍手をする。このようにちょっとした成功を積み重ね、それを喜ぶ習慣ができると、だんだんと職員のなかにも「来月も頑張らなければ」という気持ちが芽生えます。そして、中間目標が徐々に「共通言語」となっていきます。

「キャンセル率」を目標に設定した場合

夕礼
今日は予約数35名に対してで"キャンセル率"が2名だったの"キャンセル率目標10％以下"をクリアしました！

月例会議
今月のキャンセル数は89人で、振替が18人いたので、キャンセル率は8％でした！

　同じことを伝え続けることによって、職員たちがあなたのいないところで目標（Point 2の施設であればキャンセル率）のことを話し始めたら、深く浸透している証拠です。ここで大事なのは、"褒める""喜ぶ"を計画的に実行することです。

　いろいろな経営の本を読むと、組織を一体化させ、前向きに仕事をしていくためには、褒め合う文化が必要だと書かれています。リーダーシップ研修などでも「部下をもったら長所を探して褒めよう」といった指導があります。しかし、私の経験だと、施設長やリーダーとなっても褒めるのが不得意な人はたくさんいます。そこで、あらかじめ朝礼や会議のなかにそのための時間を組み込んでしまうことをおすすめします。

　たとえばPoint 2の施設であれば、会議のなかで「前月のキャンセル率」を共有する時間を必ずつくり、それができたら拍手をするという段取りにしておくのです。そうすれば、施設長、リーダーの意識に頼らず、計画的に行うことができます。

　このように、法人全体、事業所全体の経営数値など、現場の職員にとって大きすぎる（遠すぎる）テーマを目標に設定したときには、より現場に近い小さなテーマに置き換え、さらにそれを達成できたときには、そのつど"褒める""喜ぶ"ことができれば、目標達成は近くなります。

　ただし、どこに意識を向けるか（どの目標を集中的に伝えるか）を間違うと、思ったように成果が出なくなります。その点は、現状をよく分析し、どこが一番のボトルネック（目標達成を邪魔する急所）なのかを特定したうえで、このプロセスに進みましょう。

施設の武器が見つからない

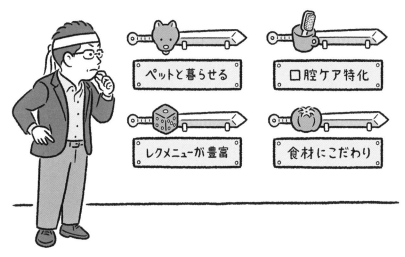

ペットと暮らせる

口腔ケア特化

レクメニューが豊富

食材にこだわり

Advice

"お客さん" へのインタビューとアンケートで武器を見つけ出す

\\Point 1// わからなかったら "客" に聞く

　競合があるなかで勝ち残るためには、ほかにはない特長が必要です。しかし、「うちの施設には"武器"がない」という悩みを、多くの施設長やリーダーがもっています。だからといって、「どうすればよいですか？」と私のようなコンサルタントに聞くのは、相談相手を間違えていると思います。どの施設を利用するかを決めるのは、私ではなく、お年寄りやその家族だからです。ですから、私はこう相談されたときには、**「武器に迷ったら、まず客に聞け」**とアドバイスしています。いま皆さんの前にいる利用者は、あなたの施設の何らかのよさに気づいてそこにいるわけです。あなたには"武器"がわからなくても、利用者はそのことをわかっているはずです。

　"武器"を聞くための手段には、2つあります。1つは「インタビュー」で、もう1つは「アンケートです。やり方は図のようになります。

武器を客に聞く方法

インタビュー

☑施設のよいところ（選んだ理由）などを質問する
☑それをさらによくするためには、何が足りないかを深掘りする

アンケート

☑1回目は、施設の長所を選択形式で確認する
☑2回目は武器となりそうなテーマに絞って、自由回答方式で、何がよいのか、さらによくするために何が必要かを質問する

\\Point 2// "ベストな武器"の選定に悩まない

インタビューやアンケートを実施しても、特長といえる項目が見つからないこともあります。そのときは、経営者や役職者が武器を決めるしかありません。決めて、そこに人、物、金を集中させて、商圏内の競合施設に打ち勝つレベルまで磨き込むのです。

その際、注意してほしいことがあります。**"最強の武器"を選ぶことに、執着しない**ことです。いつまで経っても武器がない施設を見ていると、大抵は「どの武器が一番よいだろう」と悩んでいることが多いです。どれがベストか悩む時間こそもったいないですから、"最強選び"に執着せず、「これだったら悪くない」くらいの気持ちで決めてほしいところです。たとえば、リハビリ、お風呂、食事で迷った場合、どれを選んだとしても、他社に負けないくらい磨き込めるのであれば結果は大きく変わらないでしょう。

さらに付け加えると、**武器を選ぶときは、対象者も一緒に選んで**ください。「この武器にピッタリのお客様像は、こんな人だ」と、利用者のイメージも一緒に決めてほしいと思います。

"最強の武器"に執着しない

\\Point 3// 他施設の武器を参考に、自施設の武器を見つける

皆さんのなかには、「"武器"といっても想像ができない」という人もいるかもしれません。もしそうであれば、以下の例を参考にしましょう。これらはいずれも私が助言して決めた武器です。これらをヒントに、あなたの施設の"武器"について、話し合ってみましょう。

施設の武器（例）

ニーズ型	「お酒が飲める」特別養護老人ホーム 「旅行に行ける体をつくる」リハビリデイサービス 「味噌、出汁も手作り」の特別養護老人ホーム 「孫が喜ぶ！来たくなる！」有料老人ホーム
数訴求型	「レクメニュー500種類」のデイサービス 「8種類のお風呂がある」特別養護老人ホーム 「リハビリマシン33台」のデイサービス 「年250回の料理教室開催」のデイサービス
成果型	「介護保険卒業人数年間15人」のデイサービス 「年間看取り35人以上」の有料老人ホーム
専門性訴求型	料理人がつくった「食事にこだわった」有料老人ホーム 歯医者さんが経営する「口腔ケア特化型」特別養護老人ホーム

施設長 リーダー

施設をもっと強くしたい

Advice 武器を決めたらトコトン磨き込む

\\Point 1// 思いつくかぎりのネタを磨き込む

「武器はこれにしよう」と一度決めたら、次はそれを"磨き込む"作業です。しかし、1つのテーマを磨くだけでも、やることは盛りだくさんです。たとえば「食事」であれば、おいしいかだけでなく、利用者は以下のようなさまざまな観点から比較しています。

項目	例
味	味付け、出汁・味噌などのこだわり、調理方法、調理時間
健康	無農薬・ビタミンなどの栄養価・野菜中心
値段	他社より安い
品数	皿、小鉢の数、バイキング、選択食
メニュー	多彩な料理、季節料理、郷土料理、多国籍料理
シズル感	提供方法、保温方法、食器選び、メニューのネーミング
環境	BGM、館内演出
調理師	調理師のプロフィール、メニューの発表方法

「認知症緩和」や「歩行力強化」といったテーマでも同じです。「ここまでやるのはすごい！」とケア

マネジャーや地域住民に認知されるくらいに"武器"を細分化して磨き上げていきましょう。

\\Point 2// プロジェクトチームを結成する

武器が決まった段階で、すぐに**武器の強化を担当する「プロジェクトチーム」**を結成してほしいと思います。現状を変える推進役となるのが彼らの役割です。

メンバーは専門性も大切ですが、それよりも常識に縛られずにチャレンジできる人が理想です。3〜4名でチームを組んで楽しい雰囲気でアイデア出しをすれば、妙案は出てくるものです。たとえば、ある施設では、「歩行訓練」を武器と位置づけ、チームで「このあたりで一番楽しく取り組める歩行訓練をしよう」と決めました。楽しみながら歩行力をアップするために、メンバーからは以下のようなアイデアが出ました。

□「音楽」に合わせて歩く（懐メロ、ポップス、演歌）

□「道具」を使って歩く（ポールウォーキング、カスタネット）

□「歩行力」に合わせて歩く（室内、園庭、施設外周、買い物）

□「段差」「悪路」を歩く（ステップ、階段、砂利、芝生）

□「歩行力分析」をする（AI歩行力測定機器、フィードバック面談）

□「成績」を伝えて動機づけする（歩数計、歩行回数、歩行距離を表彰）

□歩きたくなる「服装」にする（オリジナルTシャツ）

これらの実施のために、メンバーは手分けして備品類の購入リスト化して予算申請し、「1日のスケジュール」「月間スケジュール」と、実施のための「オペレーション表（手順書）」を作成して職員に説明しました。こうして"武器"ができあがりました。

\\Point 3// "武器"で地域一番を目指す！

マーケティングのキーワードに「**ウチからソト**」というものがあります。武器の浸透は自分に近い人からというという意味です。皆さんにとって、"ウチ（身内）"は職員であり、利用者です。「施設の武器（売り）は？」という質問に対して、"ウチ"の人から同じ答え（武器）が返ってこなければ、地域やケアマネジャーなどの"ソト"に浸透するはずもありません。

これを"競合"というテーマに置き換えると、**近場の競合施設に打ち勝つところから始めて、徐々に広い範囲の施設を超える**のが鉄則となります。「国盗りゲーム」のように、中学校区くらいの範囲で"一番"になったら次に"車で5分圏内"、その次は"市町村"のように、徐々に広い範囲での"一番"を目指していきます。

このときのポイントは、**あなたが決めた"武器"で"一番"になる**ことです。ケアマネジャーなどから「あのあたりでは"食事"といえば、あの施設が一番だよね」と言われるようになることが目標です。

9章-4 施設長 リーダー 営業するのがつらい

 Advice ## 5つのステップで「ファン」と呼べる ケアマネジャーを増やす

\\ Point 1 // 介護業界における営業は "記憶の上書き作業"

　介護業界には「営業が好き」という人は、ほとんどいません。むしろ「営業が嫌で介護職に就いた」という人が多いと思います。その原因は「営業」に"売り込み"というイメージがあるからだと思います。そこで私は、ケアマネジャーへの訪問活動を「記憶の上書き作業」と呼んでいます。

　ケアマネジャーは日々、いろいろな施設の人と会います。古い記憶は薄れていきますから、あなたの施設との接触が減り、競合施設との接触が増えれば、新たに利用者を担当するときに、あなたの施設を真っ先に思い浮かべる可能性が低くなります。

　裏を返せば、あなたの施設の記憶や印象が常に新しい状態でキープされていれば、利用者を紹介してくれる可能性が高まります。つまり、居宅訪問では"営業（売り込み）"をする必要はなく、単に競合施設の記憶や印象を"上書き"すればよいのです。居宅訪問が"記憶の上書き作業"だと考えれば、居宅訪問のストレスが少しはやわらぐのではないでしょうか。

\\ Point 2 // 5つのステップでケアマネジャーを "代理店" にする

　ケアマネジャーを訪問する際の最終目標は、ケアマネジャーにあなたの施設の"代理店"になってもらうことです。「代理店」と呼べるくらいになるには、施設のよさをよく知り、好意をもってもらわな

ければいけません。そのための方法が「代理店化5ステップ」です。

「代理店化5ステップ」は、あなたの施設のことをまったく知らないケアマネジャーがあなたの施設の"ファン"になり、「代理店」と呼べるくらいの存在になるまでの"心の動き"を5つのステップに分けています。そして、それぞれのステップで施設として取り組むべきことを示しています。

ステップ1は、あなたの施設を知ってもらうところからです。そのためには、パンフレット等を持参して、居宅介護支援事業所を訪問しましょう。それができたらステップ2の「特長（武器）」を知らせる段階です。施設の様子がわかる写真を掲載した広報紙などを活用すると、伝わりやすいでしょう。

ここまでは、ほとんどの施設でやっていると思います。重要なのはステップ3以降です。多くのケアマネジャーは施設の特長がわかると、「実際はどうなのか見学してみたい」と考えるようになります。そこで、「見学会」を企画し、施設の特長を体感してもらいます。**「行く営業」から「来てもらう営業」への変換**です。よい印象をもってもらえるように、しっかりと準備して見学会を行いましょう。

見学会が成功したら、利用者の紹介があるはずです。しかし、この段階ではまだケアマネジャーは"様子見"の段階ですから、利用者の施設内での様子、状態や満足度などを伝えていくことが必要です。「利用者の写真集」や、オリジナルの「状態報告」などを渡すのも効果的です。「紹介してよかった」と感じて、2人目、3人目の利用者を紹介してもらえるように、訪問やFAX、電話などで密に情報提供をしていきましょう。

この図で最も注目してほしいのは、「行く営業・知らせる営業」から始まり、ケアマネジャーやソーシャルワーカーが施設に「来るしかけ」をし、さらに「信頼アップ」のために「定期連絡」をしっかりするというように、皆さんがやるべきことが変わっていく点です。これらについては、8章-2で作成した「ABCランク表（➡ p.130）」を手がかりに、居宅介護支援事業所ごとにどの段階かを設定して行動しましょう。

代理店化5ステップ

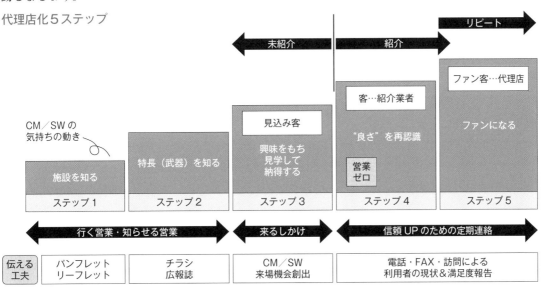

施設長
リーダー

営業の成果が上がらない

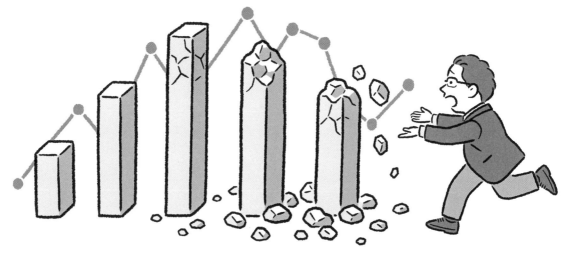

Advice

まずは稼働率が上がらない理由を分析。
最終手段は「リニューアルオープン」

＼ Point 1 ／ 稼働率が上がらない理由を分析し、改善する

　私がサポートした事例のなかには、施設を利用するような潜在客が近隣にまったくおらず、「なぜここに開設したのか」と首をかしげるくらい手におえないよう案件もありました。ほかにも、施設が老朽化していて、使用に耐えないケースもありました。

　しかし、そうした再生不可能な事例は稀で、大半は**現状をしっかりと分析し、改善策を講じれば稼働率アップは可能**です。たとえば、以下の２つはよくあるケースであり、改善策も講じやすいといえます。

①満員だと思われている

　デイサービスや有料老人ホームなどで多いのが、「満員で空いていない」と思われていて、ケアマネジャーからの紹介がないケースです。最近では、コロナ禍の影響で稼働率が下がっているにもかかわらず、過去に新規の利用を断られた記憶がケアマネジャーに残っていて、稼働率が伸びない施設も少なくありません。

　この場合は、**空き状況を定期的に発信**すれば解決します。仮に満員に近い状態でも、問い合わせ時にお断りすることは極力避けて、一旦は調整する姿勢を示すことも大事です。

②費用が高い

　有料老人ホームなどでは、費用が適切ではないために集客できないことも多くあります。ここでいう「費用が適切ではない」とは、近隣の施設と比較して費用が高いということではなく、支払う費用に対して、提供しているサービスが見合っていないということを指しています。つまり、「費用対効果が低い（コストとサービスのバランスが悪い）」という理由で、利用控えにつながっているケースです。

　たとえば、入居一時金が3,000万円と高額でも、常に待機者が出るほど人気の施設もあります。逆に一時金はかからず、月額が10万円と超低料金にもかかわらず、「10万円払う価値もないくらいに、サービスの質が低い」と考えられてしまっているために苦戦している施設もあります。

　現状を分析した結果、このような課題が見つかれば、**費用に見合ったサービスを提供する**ことが解決策です。そうすれば稼働率も上がっていくはずです。

　ただし、「地域相場」がまったく影響しないということではありません。相場よりも高すぎて選ばれないということもあります。周辺の施設を調査して、相場に合った費用に設定することも検討すべきです。

費用対効果もサービス選択の大切な要素

\\Point 2// リニューアルオープンで施設のイメージを変える

　過去にサービスが悪いなどの理由で評判がよくなかった施設では、そのイメージを払拭しようと努力しても払拭しきれないことがあります。

　たとえば、神奈川県のある有料老人ホームでは、電気代節約のために、エントランスの電気を消していた時期が長く続きました。すると、「お化け屋敷みたい」とか「姥捨山」と悪評がたつようになりました。そこで、イメージを挽回するために、電気をつけるようにして、周辺のケアマネジャー等に営業を続けましたが、悪評はなくならず、従業員の採用にも苦労しました。

　その施設長に相談された私は、最終手段の「**リニューアルオープン**」をおすすめしました。といっても、私の見る限りでは、館内設備はまだ十分使えましたし、サービスも決して悪くありませんでした。そこで、新たに「花」や「ガーデン」をコンセプトに明るいイメージに変えることを目指しました。見直した点は以下のようになります。

□施設名変更　□ロゴ変更　□看板変更　□パンフレット刷新　□ホームページ刷新

□エントランス演出（花の設置など）

□花壇の設置　□施設長、相談員の服装変更（ジャケット着用）　□ユニフォーム変更

リニューアルといっても、これらにかかった経費は、せいぜい200万円程度だったと思います。工事も看板、花壇のみで2日で終わりました。施設名やロゴまで変えたため、「運営母体が変わったのか」という噂まで立ちましたが、それがかえって明るいイメージを植え付けることにつながりました。この手法は、デイサービスや老健、その他の業種でも成功実績が多々あります。また、M&A（運営企業の買収・売却等）の際にも、よく使うテクニックです。

リニューアルでイメージを変える

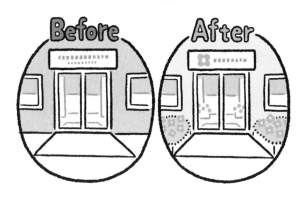

\\ Point 3 // サービス内容のリニューアルで集客につなげる

ロゴや名称まで変えてしまうほどの大きな変化を伴わなくても、「リニューアル」という言葉を使って集客することは可能です。

たとえば、岩手県のある定員40名のデイサービスでは、過去に稼働率が80％を超えていた時期もありましたが、徐々に下がってしまい、50％前後を推移する時期が長く続いていました。利用者の多くは長年通っている人で、新規の利用者はほとんどいません。理由は"午睡の習慣"にありました。この施設では昼食時間が終わると、壁際に立てかけられていた折りたたみベッドが広げられ、所狭しと並びます。照明は消され、1時間ほど活動がストップします。この"午睡"の光景を見た周囲のケアマネジャーは「あそこは寝に行く施設だ」と言い、敬遠するようになりました。これ以外でも、お風呂以外では目立った活動がなく、入浴、食事以外の時間は、テレビを見て過ごすのが常でした。

そこで、「リニューアル」と称して、ベッドを25台から3台に減らしました。空いたスペースにはリハビリマシンを並べ、午睡の時間は「カフェタイム」として、コーヒーなどの数種類のドリンクを提供することとしました。

リニューアル前は「サービスを刷新することで、利用者が皆、辞めてしまうのではないか」と心配する職員が大半でした。しかし、実際にリニューアルしてみると、50名近くいた利用者のうち、ほかの施設に移った人は3名だけで、喜ぶ利用者のほうが多く、また翌月からは新規利用者が3人、4人と増えていきました。

さらに、「リニューアル」は、職員の意識を変えるうえでもとても便利な言葉です。これまでは午睡が課題だとわかっていても変わることができなかった職員が、これをきっかけに自立支援に精を出すようになるというよい変化も生まれました。

このように、**コンセプトをガラッと変えずとも、レクリエーションを刷新するなど、「リニューアル」のネタはいくらでもある**と思います。

\\ Point **4** // リニューアルまでのスケジュール

実際の進め方ですが、Point 2で紹介した高齢者施設では、以下のようなスケジュールでリニューアルを実施しました。

リニューアルのスケジュール（例）

時期	実施事項
6か月前	□プロジェクトチーム結成 □リニューアル内容検討
5か月前	□デザイン検討 □工事詳細検討
4か月前	□各種営業ツール発注（パンフレット、ホームページ等） □ユニフォーム発注 □工事発注
3か月前	□パンフレット完成 □営業開始
2か月前	□営業継続
1か月前	□リニューアル工事実施 □自治体への変更届 □リニューアルオープン内覧会招待状配布
当月	□リニューアルオープン（休業0日） □リニューアルオープン内覧会実施

リニューアルをするといっても、高齢者住宅である以上、入居者へのサービス提供をストップするわけにはいきません。そのため、この施設では、通常営業のまま工事できるような項目にリニューアルを留めました。

私がサポートしたほとんどのケースでは、休業すらせずにリニューアルを行っています。まずは課題と向き合って「何を変えるべきか」をよく考え、予算を立てて実行に移していきましょう。

効果的な見学対応の方法を知りたい——高齢者住宅編

施設長 リーダー

9章-6

Advice

モデルルームで家族に "ここがいい" と言わせたい！アポなし見学も受け入れよう！

\\ Point 1 // 見学ルートとモデルルームの工夫で興味をひく

　100以上の高齢者住宅の稼働率アップを成功させてきた私の経験では、高齢者住宅の稼働率を最も左右するのは "見学方法の良し悪し" です。

　まず大事なのが「見学ルート」です。ある施設では、従来のルートを逆にしただけで契約率が3.5倍となりました。見学時間はせいぜい1時間程度でしょうから、そのなかで**何を、どの順序で見れば施設のよさが最も伝わるか**を検討する必要があります。ポイントは以下のとおりです。

> □印象のよい場所をルートの最後にする
> □タイプ（広さ、方角、フロア）の違う部屋を複数見せる
> □"見てほしい時間"に受け入れする（館内が閑散としている時間は避ける）

「ここがいい」と思ってもらう

これなら母を預けたい！

　空室がある場合には「モデルルーム」をつくりましょう。大手家具店などで、比較的安価な生活雑貨、布団、観葉植物を購入して、利用者の息子・娘世代を意識した部屋づくりをするのです。なぜなら、**家族に「ここがいい」と思ってもらえるか**どうかが、入居を左右するからです。

\\Point 2// アポなし見学にはマニュアルとアプローチブックで対応

　見学客のなかには、アポなしで訪れる人もいます。しかし、多くの施設では施設長や相談員が見学対応をしており、急な来訪に対応できないというのが実態だと思います。

　ここで効果を発揮するのが「マニュアル」と、この本でも何度も紹介している「アプローチブック」（➡ p.130）です。マニュアルは、案内手順やトークをルール化して作成しましょう。そして、事務スタッフや役職者など、習得してほしい人の優先順位を決めて教育していきます。

　また、アプローチブックは時間をかけて完成度を高めていくべきものです。**めくりながら説明することになるため、どのような順番で載せるか**にもこだわりましょう。内容としては以下のようなものがあります。写真を入れたり、文字を大きくしたりするのがポイントです。

> □法人概要（信頼に足る会社か）　□施設概要（どのような施設か）
> □周辺案内　□こんな方におすすめ　□1日の過ごし方　□施設の特長
> □レクリエーション・イベント　□介護サポート　□介護以外のサポート　□食事
> □その他の活動　□館内マップ＆空き室情報　□料金案内
> □対応疾患表（医療的ケアにどこまで対応できるか）
> □入居までの流れ　□お客様の喜びの声　□Q&A　□体験プラン

\\Point 3// "契約したくなる環境"を整える

　見学の順番は、「相談室（概要説明＆ニーズのヒアリング）」→「館内見学」→「相談室（質疑応答＆詳細説明）」のように、最初と最後に相談室で対応することが多いでしょう。そのため、相談室の雰囲気次第で、施設の印象がガラリと変わることもあります。そこで、**相談室を「クロージング（契約のための）ルーム」として演出**してほしいと思います。目標は"そこにいるだけで契約したくなる環境"です。たとえば、以下のようなことを検討してみましょう。

相談室における工夫

ドリンクメニュー	飲み物が選べるだけで、ホスピタリティが高いという印象を受けます。
滞在性の強化	間接照明や観葉植物などで、居心地のよい部屋づくりをしましょう。
写真の掲示	イベントなどの写真を飾り、楽しい雰囲気を演出しましょう。
モニター設置	担当スタッフを待つ間に、動画を見て施設の雰囲気がわかるようにしましょう。アプローチブックをスライド形式にしてモニターで説明してもよいです。
案内ツール	事務所に資料を取りに行かなくてもよいように、すべてのツールを準備しておきましょう □見学申込書　□パンフレット　□料金表　□アプローチブック □入居申込書　□名刺　□広報紙

施設長　リーダー

キャンセルを減らしたい —— デイサービス編

キャンセルで

ハーイ

Advice

利用回数の目標を掲げたり、個別対応をしてキャンセル減を目指す

\\ Point 1 // キャンセル減は裏を返せば稼働率アップにつながる

受診や体調不良、私用による「キャンセル」が多いことは大きな課題です。休まない前提で人員を配置しなくてはなりませんし、休んだ分の売上はゼロですから損失となります。裏を返せば、欠席を減らせれば、それだけ稼働率が上がるため、"伸びしろがある"ととらえることもできます。

ここでいう「キャンセル」には、入院などの長期休止は含みません。受診や体調不良、用事等による欠席であれば、振替利用などでリカバーは可能です。**一般的な施設では「月間キャンセル率」は、10％以下が許容範囲**です。私用で休む人が少ないレスパイト型では、**5％以下**を目指したいところです。

月間キャンセル率の許容範囲

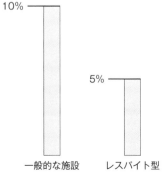

10%

5%

一般的な施設　　レスパイト型

この水準以上の場合、対応が急務です

\\Point 2// "目標"を掲げてキャンセルを減らす

まずやってほしいことは、**キャンセルした人をリスト化するボードの作成**です。Excel や Google スプレッドシートなどを利用している施設もありますが、私は 100 円ショップなどに売っている A4 サイズのホワイトボードで十分だと思います。具体的には、以下のような手順で活用します。

①お休みした利用者と休んだ日付を 10 日分程度ホワイトボードに書き入れる

②その人が復帰したら、「先日の分の振替はどうしますか？」と声かけする

③声かけをしたら、結果にかかわらずホワイトボードから名前を消す

ホワイトボードに書いた名前を消していく

> **今週のキャンセル者**
> 7/1 山田 Mr、
> 7/2 加藤 Mr、鈴木 Ms、石田 Mr
> 7/4 石川 Mr
> 7/5 荒井 Ms、田中 Ms

Mr…男性、Ms…女性

これだけでかなり効果があると思いますが、加えてやってほしいのが**「利用回数目標の設定」**です。ある施設では、館内に「運動は週 2 回以上が効果的」と書いたボードを掲示し、常日頃から運動習慣を増やすことを呼びかけています。こうすれば、休んだら（運動しなかったら）その分の振替利用を促しやすくなります。また「皆勤賞」などのイベントもある程度の効果は期待できます。

\\Point 3// 休みがちな利用者には個別対応する

ここまでやっても休みがちな利用者はいます。そうした人には**個別対応が必要**です。カンファレンスを開き、ケアマネジャーとも状況を共有したうえで、以下の対応を実践しましょう。

1）個別対応

「体調が悪い」と言っていても、実は「つまらない」「長時間滞在がつらい」などの理由があるかもしれません。本音を確認して対応策を検討しましょう。

2）前日連絡

前日夕方に「明日お会いできるのが楽しみです。明日は 8 時 45 分にお迎えに行きますね」のように"サボり"を予防しましょう。

3）再送迎

頻繁に当日キャンセルをすると、特にレスパイト目的で利用している家族は困ってしまいます。「行きたくない」と訴えがある場合には、「では 1 時間後にもう一度来ますね」と伝えて再送迎をすることで、大きくキャンセル率を改善した施設もあります。

最後に補足ですが、キャンセル対応は無理やり行うべきではありません。あくまで利用者の ADL、QOL 向上のためにやることですので、誤解のないようにお願いします。

☐ 目標が多いと浸透しない！　3つまでに抑えよう！

☐ 目標までの道のりを細分化してみよう！

☐ "武器"に迷ったら利用者に聞こう！

☐ "武器"の強化目標は「地域一番」！　徹底的に磨き上げよう！

☐ 営業は"記憶の上書き作業"！　代理店化5ステップで、ストレスなく居宅介護支援事業所を訪問しよう！

☐ 稼働率アップの最終手段は「リニューアルオープン」！

☐ 高齢者住宅の見学対応の改善はルート、ツールから！

☐ デイサービスのキャンセル減を目指してボードを作成しよう！

第10章

どうしても、
うまくいかないあなたへ

施設長やリーダーをしていると、「辞めたい」と思うことは誰しもあるものです。本書で取り上げた方法を実践しても、うまくいかないことや、失敗することもあるかもしれません。本章では、思い悩む "あなた" に向けて、そこから抜け出すための糸口を示します。

施設長　リーダー

苦手なことから逃げ出したい

Advice

どうしても逃げられない場合は、先延ばしをやめて苦手の克服に取り組む

エピソード　パソコン作業が苦手な施設長

　ある50代の女性施設長はとても陽気で、その人がいるだけでまわりが明るくなります。現場に対する指示は的確で、表情が暗い職員にはすぐに声をかけて励まします。利用者や家族にも好かれていて、彼女目当てに来館する人もいるほどです。職員からの信頼も抜群で、とても頼られていました。

　しかし、彼女はパソコン操作が苦手で、ほかの人の3倍ほどの時間がかかるという欠点がありました。そのせいで、経営者からは常に小言を言われており、そのストレスもあってか、簡単な作業ですら間違うことが増えていきました。そして、「もう自分には無理だ」と思うようになりました。

＊

　この女性施設長のように「苦手なことから逃げ出したい」という場面では、皆さんの前に2つの選択肢があります。**得意な人に任せるか、自分でやり切るか**です。前者ができるのであれば、それがベストでしょう。苦手な人が無理をして頑張るよりも、得意な人が行ったほうが作業時間は短くて済み、仕事の完成度も高くなるからです。

　では、逃げられない場合にはどうすればよいのでしょうか。多くの施設長が実践している具体例を紹介します。

\\ Point 1 // 完璧主義をやめて、小さなことから積み重ねる

　苦手なことから逃げられないのであれば、その苦手を克服するしかありません。そこで、以下のようなことを意識して取り組んでみてほしいと思います。

□完璧主義を捨てる

　完璧にこなそうと思うから、ストレスに感じるのです。最低限、もっと言えば"ミスなどの指摘を受けない程度"にやることはできないでしょうか。苦手なことをするときに、いきなり遠いゴールを目指すと挫折します。小さなゴールを設定して、1つずつこなしていきましょう。

□「よい点（メリット）」を見つける

　物事のネガティブな部分について、見方を変えてポジティブにとらえ直すことを、心理学では「リフレーミング」といいます。悩んだときに、心を軽くするテクニックです。これを使って、苦手な作業のメリットを見つけてみましょう。

　たとえば、エピソードの女性施設長が苦手とするパソコン操作なら、習得すれば資料づくりが格段に楽になるかもしれません。また整理整頓が苦手な人であれば、しっかり整理ができれば"モノ探し"がなくなって、業務時間を短くできる可能性があります。このように、いろいろな視点から苦手な業務をとらえ直し、克服するメリットを見つけてみましょう。

□先生を見つける

　あなたの苦手なことを得意としている人が周囲にいるのであれば、その人に先生を頼んでみましょう。上司、同僚だけでなく、部下や新人でもよいでしょう。

　部下や新人には、あなたが思いつかなかった考え方があるかもしれません。また、下の人の教えを素直に受け入れられる人は、上司としても、人間としても魅力的に見えるでしょう。

　その業務を得意としている人が社内にいない場合には、外部の友人・知人に頼るのもよいかもしれません。

□仲間を見つける

　あなたと同じことで悩んでいる職員がまわりにいれば、一緒に学ぶのも解決策の一つです。仲間がいれば心強いですし、学ぶことも楽しくなるかもしれません。

　ある施設長は、苦手なことがあるたびに社内で先生を探し、「○○講座を○○さんにやってもらいます。受けたい人募集！」というように呼びかけ、**仲間と一緒に楽しみながら苦手を克服**しています。

仲間と楽しみながら苦手を克服する

Bさんのパソコン講座
一緒に受けたい人！

\\ Point 2 // 苦手なことほど先延ばしにしない

　苦手なことを後まわしにして、得意なことから取り組むのは、作業のリズムをつくる（ペースを上げる）うえでは効果的なテクニックです。しかし、先延ばしにし過ぎると、さまざまな支障が出てきます。

　こういう場合の対処法として、仕事が早い（先延ばしにしない）といわれる人が実践している方法を紹介します。どれも簡単な方法ですので、実際に試してみて、自分に合ったものを見つけましょう。

□手を叩いて気持ちを切り替える

　苦手な業務、面倒な作業を前にして、なかなか「やろう」という気持ちになれないときには、両手をパンと叩くとよいそうです。**ネガティブな気持ちがフッと軽くなり、ポジティブな気持ちに切り替わります。**スポーツチームなどが試合前に円陣を組んで「さあ行くぞ！」といった様子で手を叩くシーンがありますが、それと同じだと思います。

　私も難解な仕事の前に実際にやってみましたが、「やれる」という気持ちが大きくなり、効果を実感しました。これは、ミスなどがあってイライラしているときにも使えるテクニックだそうです。

□すぐに始める

　一度、ポジティブな気持ちになれたとしても、不安やイライラなどはすぐにまた襲いかかってきます。その前に仕事に取り組むようにしましょう。ある施設長は、**「やる」と決めてからだいたい５〜10秒でその仕事に取り組む**ようにしているといいます。それ以上に時間をかけてしまうと、別のことが頭をよぎってしまい、作業の手が止まるためだそうです。皆さんもそのくらいの感覚で"即開始"を実践しましょう。

□15分だけ頑張る

　苦手なことは一足飛びでやろうとはせず、**"小さなゴール"を設定して１つずつこなす**ことが重要です。また、作業するときには、短い時間に区切って進めるのも１つの方法です。

　ある施設長は、スマートフォンのタイマーを常に15分でセットし、集中してやりたい業務をその時間内でじっくりこなすようにしています。60分だと長く感じますが、15分だとあっという間です。15分やってみて、まだできそうならあと15分という具合に続けていきましょう。

小さなゴールを１つずつこなす

□できたことを噛みしめる

　実際に"小さなゴール"を設定して苦手な作業に取り組んでみると、今までできなかったことが、いつの間にかできるようになることも珍しくありません。その際、"小さな成功体験を喜ぶことも大事です。業務工程で何かをクリアするたびに、心の中で「できた！」という気持ちを噛み締めて、前向きな心にさらに火をつけていきましょう。

\\ Point 3 // 得意な人に任せる

　苦手を克服することは大切ですが、効率を考えればその業務は得意な人に任せて、自分はほかのことに専念したいところです。その際は、以下の点に気をつけましょう。

□"できる人"のなかから"得意な人"を見つける

　得意な人を見つけることは簡単かもしれませんが、「得意＝できる」とは限りません。たとえば、給与計算を得意とする新人がいたとしても、その業務を任せるわけにはいかないでしょう。まずは"できる人"を探し、そのなかから"得意な人"を見つけることが原則です。

□相談するときは見立てを確認する

　得意な人が見つかったら、あなたが困っていることを率直に相談してみましょう。その際、「どうやってやるか」「どれくらいの時間でできるか」といった見立てを確認し、あなたが行うよりも時間がかからないようであれば、お願いしてみるとよいでしょう。

□丸投げはご法度

　自分の業務を人に任せるとき、最も避けなければならないのが"丸投げ"です。「任せたら終わり」ではなく、どんな作業を、どれくらいの時間で、いつやっているかを、引き継ぎ後も常に把握しましょう。その人が困ったときには、いつでも手を差し伸べられるようにしておくことが大切です。

□作業の物々交換をする

　得意な人に業務を足したら、その分、ほかの業務を引いてあげなくてはいけません。望ましいのは、あなたが任せた業務量と同程度の業務をあなたが引き受ける"作業の物々交換"です。

施設長 リーダー

一人で仕事を抱え込んでしまう

 Advice

「一人ではできない」と割り切り、一部の業務をメンバーに委譲する

エピソード　メンバーのフォローで仕事を抱え込むYユニットリーダー

　ある特養で働くYさんがユニットリーダーになってから半年が経ちました。現場で4年間経験を積み、その働きぶりが評価されてこのポストに就きました。彼女は、前任のユニットリーダーに大きな不満をもっていました。利用者の状態をしっかり把握しておらず、ユニットメンバーへの指示も中途半端だったからです。その態度に対して、Yさんは改善してほしいと意見を言うこともありました。

　そこで、Yさんはユニットリーダーに就任してすぐに「24時間シート」を導入し、利用者の状態がわかるようにしました。そして、現場で起こることをすべて把握するために、報告を徹底させました。さらに、ユニットメンバーの意識改革のために、月に一度「1on1ミーティング（面談）」を行い、直接指導をしました。介助力が未熟なメンバーがいれば、就任前と同じようにすぐに力を貸しています。

　これらを行うことで、利用者の状態は改善しましたが、ユニットメンバーはYさんを頼るようになりました。そして、Yさんの仕事量が増えていき、シフトの作成などのリーダー業務は残業時間でこなすことが常態化しました。子どもの保育園の迎えを両親に頼むことも増え、ユニットリーダー就任からわずか半年で「降格」や「退職」が頭をよぎるようになりました。

*

　介護業界では、Yさんのように仕事を一人で抱えてしまう人が多いです。そんなときは、次のようなことを意識して取り組んでみましょう。

\\ Point 1 // 割り切るべきところを割り切る

　Yさんの場合、前任者を「反面教師」として、前任者以上のことをしようとしており、業務量が増えています。当然ながら、それでは長続きしません。ときには"割り切り"も必要です。

□「自分一人ではできない」と割り切る

　介護の仕事はチームワークで成り立っていますから、一人では大きなことはできません。あなたが2倍働けば、その分だけ仕事は進むかもしれませんが、それだけ仕事がつらくなります。ある**仕事が増えるのであれば、その分だけ今もっている仕事を手放さなければバランスは保てない**はずです。「自分一人ではできない」ということを、強く意識するところから始めてみましょう。

□「全部知りたい」をやめる

　Yさんのように「現場のことは何でも知っておきたい」と思ってはいませんか。こうした人ほど責任感が強いため、抱える業務負担が大きくなりがちです。また、部下からの報告も増やさなくてはいけませんから、部下の負担も大きくなってしまいます。ですから、**「知るべき情報」と「知らなくてもあまり困らない情報」に仕分けし、後者を思い切って手放す**ことを検討しましょう。

□できないのに「できる」はやめる

　「リーダーである」という理由で、苦手なことやできないことまでも「できる」と言ってしまう役職者もいます。その責任感はすばらしいですが、ときには「できない」と答えることも必要です。

□「人に頼る」を習慣化する

　「部下が忙しそう」という理由で、部下の仕事をやってはいませんか。それでは業務量が増える一方です。Point 2を参考に、ふだんから「頼る」「頼む」を習慣化していきましょう。

「人に頼る」を習慣化する

□部下の仕事ぶりを大目に見る

　仕事ができる人ほど、部下の未熟な仕事ぶりを見ていられずに手を出してしまいがちです。しかし、利用者の生活に影響しない業務であれば、少々未熟でも問題はないはずです。自分の仕事が落ち着くまでは、大目に見て、手出しするのを控えてみましょう。

\\ Point 2 // 業務リストをもとに仕事の一部から委譲する

　「一人で抱え込む」状態からあなたが脱却するためには、周囲のスタッフに業務の一部を引き継ぐことが不可欠です。まずはあなたの理解者をつくることから始めてみましょう。

□相談相手を見つける

　あなたが人に頼ることが苦手だとしたら、まずは**身近なところで理解者、相談相手を見つける**ことから始めてみましょう。比較的長く一緒に仕事をしてきた人がよいかもしれません。気持ちをわかってくれる人がいるだけで、少しは楽になるはずです。

□業務リストを作成する

　あなたが行う業務をリスト化してみましょう。ここで、第1章で作成した月間業務リスト（➡ p.6）が役立ちます。リストに部下（役職者、一般職、パートを含む）に頼める業務はないでしょうか。抽出して、それを誰に頼むべきかを書き出してみましょう。業務を丸ごとでなくとも、**一部にかかわってもらうだけであなたの負担は減る**はずです。

業務リストで部下に頼める業務を抽出する

□業務分担表を作成する

　私が見てきた多くの職場では、施設長と役職者の役割分担が文章化されておらず、不明確なままでした。そのために、担当があいまいな仕事を、施設長が引き受けることになってしまうのです。

　それを防ぐためには、上記の業務リストをもとに、**施設長と役職者の業務量のバランスを調整する**ことが大切です。施設長と役職者では、仕事のスキルや経験も違いますから、そのあたりに配慮したうえで業務分担表を作成し、役職者に丁寧に説明して理解を求めましょう。

□日常的に頼る

　リスト化できるような、あらかじめわかっている業務は、引き継ぎたい相手に「目的」「手順」を丁寧に伝えましょう。また、相手も忙しいことをふまえつつ、あなたの業務負担が過大なことに理解を求め、その業務を相手がいつ、どのようにやるかを一緒に考えましょう。

□自分だけの時間をつくる

　施設長やリーダーの業務のなかには、他者へと振り分けることができない業務もあります。それらを勤務時間中にできるようにすることが、役職者の心身の健康のためにも理想的です。特に複雑な業務に関しては、事務室や相談室にこもって仕事をさせてもらうなど、集中できる時間をつくりましょう。

\\Point 3// 仕事を抱え込む「デメリット」を意識する

「仕事を抱え込むことがつらい」と思っていても、性格的に仕事の完成度にこだわったり、人に頼んだりできないという人もいるでしょう。そのときは、あなたが仕事を抱え込むことによるデメリットを意識してみましょう。

☐**現場業務が停滞して迷惑がかかる**

　あなたが仕事を抱えたときに、それをしっかりやりきっていれば問題ないですが、それによって現場の業務がストップしてしまうこともあります。そうなれば、部下たちは「施設長は動いてくれない」「リーダーは仕事が遅い」と考えてしまうかもしれません。

☐**部下が成長しない**

　あなたが「この仕事はまだ部下には任せられない」と、いつまでもその仕事を手放さなかったら、**部下は難易度の高い仕事にチャレンジし、必要なスキルを習得する機会を失う**ことになります。

☐**プライベートの時間がなくなる**

　もし多くの仕事を、残業や休日出勤によって行っているとしたら、プライベートの大事な時間を削っていることになります。もしかしたら、家族を犠牲にしているのかもしれません。

☐**体調を壊す**

　業務負担が大きくなり、稼働時間が長くなれば、体調を壊すこともあるでしょう。ある大型デイサービスの施設長は、日中は施設長業務、残業時間には相談員として計画書の作成などを行い、毎日21時頃まで働きました。その結果、身体だけでなく精神的にも限界を感じ、3か月間休むこととなりました。そうなっては元も子もありません。

☐**上司からの評価が下がる**

　残業が長引けば「彼は残業代を稼ぐために、無理やり仕事をつくっているのかもしれない」とレッテルを貼られることもあります。ある小規模多機能の施設長は、ほかの職員がほとんど残業をしていないにもかかわらず、自分だけが月40時間を超える残業をしていたために、理事長の評価を下げて叱責を受けることとなりました。責任感の強さが仇となった事例です。

　このように考えると“仕事を抱え込む”状態は、短期間なら問題ないかもしれませんが、長い目で見るといろいろな面で支障をきたすことがわかります。

どうしても成果が出ない

 Advice 成果が出ない理由を分析し、
方針や戦略を見直す

エピソード　努力しても報われないK施設長

　Kさんは、7棟の有料老人ホームを運営する法人に勤めています。5年前に他社から転職し、そのまま施設長に任命されました。前職ではよい成績を残していたため、より大きな会社で活躍する自分を思い描いての転職でした。

　この法人では施設長が営業を担っており、Kさんも月に1度、周囲の病院や居宅介護支援事業所を訪ねています。しかし、大阪の郊外に位置するKさんの施設の周辺には、競合施設が多数あり、一時金や月額費用がほかよりも少し高いため集客に苦労していました。法人が求める稼働率95%をなんとか達成しようと、暇さえあれば営業していますが、なかなか90%以上にはなりません。

　一方、ほかの6ホームの施設長は、大阪の中心部により近いところにあるため、同じ月額費用でも高稼働率をキープしています。稼働率が人事評価に直結するこの法人でのKさんの成績は常に下位で、転職してから5年間、ほとんど昇給がありません。

　Kさんは不利な環境で奮闘しているにもかかわらず、法人から評価されないことをずっと悩んでいます。最近では、入社2年目の施設長にも成績で先を越され、前職での自信も失いかけています。

*

　K施設長のように、どうしても成果を出せなかったり、努力が報われないと感じることは、誰でもあるはずです。しかし、そこで諦めてはいけません。そこから抜け出すアクションを実践してみましょう。

\\ Point 1 // 成果が出ない理由を冷静に分析する

Kさんのように成果がでないときは、焦ったりせずに次の方法を試してみましょう。

□「プロセス」より「結果」にこだわる

「どれくらい頑張ったか」を評価してくれる会社は少数派です。**成果だけを見据えて、やり方を柔軟に変えていきましょう。** Kさんの施設であれば、入居者がいないわけではないのですから、そこからヒントを探して改善策を立てましょう（➡ p.142）。

□他人と比べない

ほかの施設長と比較をしたり、上司からの評価を気にしすぎたりすると、柔軟な発想や積極的な行動ができなくなることがあります。短期間でもよいですから、まわりを見ないように努めてみましょう。

□人の意見に耳を傾ける

成果が出ないときは、「これが俺のやり方だ」と意固地になって、他人の声が聞こえなくなることがあります。こんなときほど素直になって、まわりの意見に耳を傾けましょう。

\\ Point 2 // 上司を巻き込み、方針や戦略を見直す

努力しても成果が出ないときは、戦略そのものが間違っている可能性があります。

□「戦略」の間違いを見つける

努力のしどころを間違うと、どんなに頑張っても成果は出ません。 K施設長の施設は、ほかの6ホームと立地や商圏が異なり、同じ戦略では戦えません。商圏内の相場より費用が高いのであれば、それに見合った価値やサービスを提供する戦略に転換すべきです。

成果が出ないときは戦略を切り替える

□上司を巻き込む

目標が現実的でないときは、まずは上司に「成果を出したいから助けてほしい」と相談し、あなたの取り組みに巻き込んでみましょう。そうすれば、あなたの真剣さが伝わりますし、目標が現実的でないと気づけば、目標を下げる決定がくだされるかもしれません。

やる気が起きない

Advice 体を動かす、得意な仕事から取り組むなど、
モチベーションが上がる工夫をする

エピソード　突然の職員の退職でやる気を失った I 施設長

　I さんの勤めるデイサービスは、機能訓練もレクリエーションも"そこそこ"のクオリティで、特長といえるものがありません。施設長になってからは、他社を視察して好事例を集め、変革に前向きな職員とともに彼女の理想とする施設を目指しました。

　数年かけてやっと成果が出始めた頃、キーマンとなる職員がやむを得ない理由で退職し、運営するのがやっとの状態に陥り、あっという間に元の状態に戻りました。それを見て I さんは「職場がつまらない」「これ以上、頑張っても無駄だ」「自分にはどうしようもない」と感じるようになりました。

*

　ここでは、I さんのように、予期せぬ出来事を理由にやる気を失ってしまったときの対処法をご紹介します。

\\Point 1// やる気が出ないときは、人に相談する or 体を動かす

　モチベーションが低下しているときは、まずはやる気をオンにする必要があります。

□片付けをする

　自分の身の回りがスッキリすると、気持ちもスッキリするものです。片づけをすることで、やる気が再び湧いてくるかもしれません。それもただ整理整頓するだけでなく、物の場所を変えたり、しばらく使っていないものを思い切って捨ててみるとよいでしょう。

□人に話す

　自分の話を聞いてもらうだけで、前向きになれることもあります。まずは一人で抱え込まないで、職場の先輩や同僚、知り合いに、やる気を失ったいまの気持ちを聞いてもらいましょう。ただし、人選が大事です。あなたの話に、関心をもってくれる人にしましょう。

□体を動かす

　私は仕事柄、多くの成功者に会います。彼らは早朝からとても多忙ですが、暗くなると街に繰り出しておいしそうにビールを口にし、夜遅くまで大きな声で語らいます。そのエネルギーはどこから来るのかと聞くと、多くの人は「日頃の運動」と話します。実際、うつ病の改善には運動の効果的だというエビデンスが、たくさんあるそうです。体を動かして、やる気をオンにしましょう。

\\Point 2// 得意な仕事から取り組み、仕事のリズムをつかむ

　モチベーションを上げるには、自分を"乗せる"ことも大切です。

□朝早く出勤する

　人がいない朝は、電話や部下・後輩の声かけに邪魔されないため、いろいろなことが見えてきます。起きぬけの状態は、心も体もエネルギーにあふれた状態ですし、頭もスッキリしています。この時間帯に「今日やること」を書き出して、自分だけの仕事を始めてみましょう。

□異動を申し出る

　Ｉさんのように、自分ではどうにもならない理由で道を塞がれたときは、ダメージが大きいものです。自分なりにそれを解消できればよいですが、難しいと感じたときは、異動して環境を変えるのもよいかもしれません。上司に率直に相談してみましょう。

□働く場所を変える

　いつまでもやる気になれないのは、会社や職場のせいかもしれません。人生は一度しかないのですから、**転職するのも一つの手段**だと思います。極端なことをいえば、あなたがいなくても施設運営は続いていきます。退職の影響を最低限にとどめて去るという選択肢も、あなたには残されているのです。

施設長
リーダー

自分のやりたい仕事と違う

Advice

「やりたいことリスト」をつくり、いまできることから取り組む

エピソード　大学時代の専門性を業務に活かせないTユニットリーダー

　特養ユニットリーダーのTさんは、有名大学の社会福祉学科を卒業して、この法人に就職しました。彼は子ども時代、いわゆる"おばあちゃん子"で、週末は近くに住む祖母のもとで過ごしました。それがきっかけで「将来は介護施設で仕事がしたい」と思うようになり、介護の道を選んだのです。

　入職後は現場で経験を積み、順調にユニットリーダーへと昇格して数年が経ちましたが、仕事内容は大学時代に思い描いていたものとは大きく異なっていました。たとえば、定時に居室をまわったり、記録業務をしたりと、時間に追われる業務ばかりです。特にユニットリーダーの仕事はデスク作業も多く、"理想の介護"には程遠いうえ、彼の大学で勉強した高齢者にとってのQOL追求やソーシャルワークといった専門性を発揮する場面は、ほとんどありませんでした。

　そこで、Tさんは相談員の仕事をしたいと考えるようになりましたが、彼の務める特養では、相談員を1人しか配置しない方針で、その相談員が辞めないかぎり、彼が相談員になることはできません。やりたい介護もできず、大学で得た知識も活かせず、悶々とする日々が続いています。

＊

　これを読むあなたは、やりたい仕事ができているでしょうか。もしできていないのなら、ぜひ次のようなことを実践してみてほしいと思います。

\\Point 1// 「やりたいこと」よりまず「できること」

　「やりたいことが見つからない」という人が多いなかで、Tさんのようにそれがわかっていることは、とてもよいことです。しかし、施設でそのポジションに空きがなかったり、そもそも会社でそのような業務を求められていないなどの理由で、その仕事に就けないこともあるでしょう。

　その解決策は、極論をいえば転職ということになるかもしれませんが、もし今の会社で働き続けたいと思うならば"やりたいこと"に上手に向き合いながら、仕事を継続する方法もあります。

□まずは「すべきこと」にしっかりと向き合う

　仕事には「やりたいこと」の前に「すべきこと（義務）」と「できること（スキル）」があります。会社ではまず義務を果たし、そのテーマでスキルを伸ばして認められると「やれること（任される範囲）」が広がり、やがて「やりたいこと」にたどり着きます。まずは、いま目の前にある「すべきこと」にしっかりと向き合って「やれること」を増やしていきましょう。

□「やりたいこと」を軽くする

　「自分の軸」「自分の理想」に執着し、「やりたいこと」と「やりたくないこと」をきっちり仕分けしたくなる人も少なくありません。しかし両者は高い壁で仕切られて"あっちと、こっち"と隔てられているわけではなく、「やりたくないこと」のなかに「やりたいこと」があったりするものです。一旦「やりたいこと」への執着をトーンダウンして「やりたくないこと」との境界にある仕事に意識を向けてみましょう。

□知識・経験を増やして"できること"を増やす

　「やりたいこと」にしか目がいかないのは、あなたの知識、経験不足によるところもあるかもしれません。勉強し、経験し、「できること」を増やしていくと、もしかしたら違うところに「やりたいこと」が見つかるかもしれません。

□仲間を増やす

　介護現場で「やりたいこと」をするためには、多くの場合は"仲間"が必要です。それを実現するときには、誰に協力してもらうべきかを考え、少しずつあなたの想いを伝えて"仲間"を増やしていきましょう。

\\Point 2// 「やりたいこと」リストを作成し、できることから取り組む

いまの仕事のなかから「やりたいこと」を少しでも見つけ、日々のモチベーションにつなげましょう。そのためには「やりたいこと」が何なのか、あいまいな状態から具体化することが大切です。

「やりたいこと」をリスト化する

□「やりたいこと」を書き出す

一旦、やりたいことを紙に書き出してみましょう。実は私も20数年前にこの作業をして、現在の「介護専門コンサルタント」という仕事に就くことになりました。ポイントは、**より細かく書き出すこと**です。

□「いまできること」をやってみる

書き出したリストのなかから「いまできること」「できそうなこと」を探してみましょう。**たくさん項目をあげることができれば、現在の環境でもできることが1つや2つは見つかるはずです。**まずはそこから始めてみましょう。

Tさんのケースでは、日頃から入所者と接するなかで利用者のニーズやデマンドを把握することはできます。そこから相談員と連携して課題解決、社会との接点づくりをするといった「ソーシャルワーク」の一部となる業務ができるかもしれません。

□上司に相談する

仮に「いまできること」を見つけることができたとしても、それを行う権利や時間を与えられなければ、行うことはできません。そのときは、上司に相談し、周囲の職員にも協力を求めましょう。

また、法人とあなたのポリシー（介護観）が合わないことが理由で「やりたいこと」がどうしても実現できないと思うのであれば、**上司にあなたの考えをぶつけてみて、納得できるまで話し合ってみる**ことも必要かもしれません。

COLUMN 「やりたいこと」を叶える方法

　大学時代の私は、旅と読書が好きで、週末はディズニーでバイト三昧。夏休みには、バイクで日本を一周し、冬には20kg もの重量のバックパックを背負ってヨーロッパへ貧乏旅行という生活を送りました。旅先で読む本は格別で、太宰治の「津軽」を読みながら津軽半島を辿ったり、ゴーギャンをモチーフにしたサマセット・モームの「月と六ペンス」を見ながら、オルセー美術館でゴーギャンの作品を眺めました。それがいつしか「出版社で本に携わりたい」という想いに変わり、授業後に出版社の予備校に通うようになりました。

　しかし、そのときは「超氷河期」といわれる就職難。出版社は軒並み採用を中止しました。「やりたいこと」を失った私は、なんとか旅行会社にすべりこみ、社会人生活をスタートしました。

　そんな気持ちも忘れかけていた頃、ある企業の海外視察で同行した社長が、本を書いていることを知りました。「これはチャンスだ！」と思い、後日会社を訪ねて「どうしたら書けるのか」と質問すると、「コンサルタントで有名になると、出版社から声がかかるそうだよ」と教えてくれました。

　今思えば、その助言は的確だったかどうかわかりませんが、それを真に受けた私は、29才でコンサルティング企業に就職しました。そして「有名になる」を叶えるために、当時はまだ施行されたばかりの「介護保険制度」を自分のテーマとして選びました。この分野はまだ「専門家」といわれる人は少なく、「これなら日本一の専門家になれる」と考えたのです。

　それから10年間、私は早朝から深夜まで夢中で働きました。その間、連載や執筆、取材などの依頼が増えていき、最も多かった時期は月に6本の連載を書きました。そして39才のとき、ある出版社からはじめて「本を書いてみないか」と声がかかりました。嬉しさで胸がいっぱいになったのを今でも思い出します。テーマは"ディズニーの教育法で介護士を育成する"というものでした。

　「努力は必ず実を結ぶ」とは言えませんが、「やりたい」という気持ちを持ちながら、目の前の仕事に打ち込んでいると、少しずつ光が見えてくるかもしれません。私の場合には、「ディズニー」「旅行」「本」「介護」「コンサルタント」の5つのキーワードのうち、1つでも欠けていたら（手を抜いていたら）、本を書くという素敵な仕事をいただくことはできませんでした。

　ただし、「やりたいこと」をつかみとるには"そこにたどり着くための選択"をしなければなりません。いつも「やりたいことに近づけるかどうか」で判断するのです。途中、間違った選択をすることもあるかもしれませんが、失敗はそこから学べば取り戻せます。また選び直せばよいのですから。だからぜひ、この本を手にとってくれた皆さんには、後悔のない人生を歩んでほしいと思います。

著者紹介

糠谷 和弘 （ぬかや かずひろ）

株式会社スターコンサルティンググループ代表取締役。介護保険施行当初から介護経営コンサルタントとして活躍する草分け的存在。指導実績は500社を超え、「日本一」と呼ばれる事例を多数つくってきた。現場指導のかたわら、多数の連載のほか、年間50本以上の講演もこなす。また「旅行介助士」を養成する一般社団法人日本介護旅行サポーターズ協会の代表理事、福祉事業を総合的に運営する株式会社エルダーテイメント・ジャパンの代表取締役も務めている。

要点を押さえて"困った"を解決！
イラストと図解でわかる
施設長・介護リーダーの仕事術

2024年3月20日　発行

著　者	糠谷和弘
発行者	荘村明彦
発行所	中央法規出版株式会社
	〒110-0016
	東京都台東区台東3-29-1 中央法規ビル
	TEL 03-6387-3196
	https://www.chuohoki.co.jp/

印刷・製本	日経印刷株式会社
装幀デザイン	日経印刷株式会社
本文・DTP	株式会社千秋社
本文イラスト	白井匠

ISBN 978-4-8243-0024-9